小スペースをもっと素敵に

はじめての小さな庭づくり

監修 山元和実

成美堂出版

Contents

- 4 　限られているからこそ、より魅力的に
- 6 　小さな庭づくり5ヶ条
- 8 　そろえておきたい道具
　　本書の図鑑データの見方

Part 1 場所別 ガーデンデザインのコツ

- 10　こんな場所が小さな庭に
- 12　奥行きの狭い花壇
- 16　植えます
- 20　レイズドベッド
- 26　玄関まわり
- 28　駐車場
- 30　デッドスペース、極小スペース
- 32　土のないところ
- 38　半日陰になる場所
- 44　フェンスや塀、壁

小さな庭で使いやすい植物

- 22　宿根草 / グラウンドカバー向きの宿根草
- 34　一、二年草 / 球根植物 / 花木
- 42　半日陰に強い植物 / 美しいカラーリーフ
- 46　空間を立体的に彩る植物

Part 2 すぐに始められる ガーデンテクニック

48	Lesson 1	手間をかけない花壇ローテーション
60	Lesson 2	小道を生かした庭づくり
70	Lesson 3	手軽に作るレイズドベッド
76	Lesson 4	アイデア次第「隠して」見せる
85	Lesson 5	寄せ植えを庭のポイントに

Part 3 お手本にしたい 素敵なガーデン

- 98 ロマンチックな手づくりガーデンハウス
- 102 道ゆく人を癒す坂の上の家
- 106 色づかいにこだわったオープンな庭
- 110 犬も快適に過ごせるDIYガーデン
- 114 "大人かわいい"を目指して
- 118 場所ごとに雰囲気を変えて
- 122 ブランコを中心にストイックな美学で
- 124 半日陰の通路が見事な庭に
- 126 演出力で絵になる風景を

限られているからこそ、より魅力的に

もっと広い庭があれば、素敵にできるのに。
うちには土がある場所がほとんどないから、美しい庭は作れない。
そんなふうに思っている方も、少なくないかもしれません。
でも、広い面積を思い通りに植物で彩るのは、実はかなり大変です。
逆にスペースが限られていると、
さほど無理なく、凝縮した世界観を作ることができます。
小さな庭(スモールガーデン)は、いわば植物を使ったアートのようなもの。
キャンバスに絵を描くように、
あなたならではの表現を、ぜひ楽しんでください。

ガーデンスタイリスト
山元和実

5ヶ条

1 枯れることを恐れない、枯れてもがっかりしない。

小さいスペースは日照が少なかったり、
風通しに問題があるなど、条件が悪い場合も少なくありません。
そのため、なかには枯れてしまう植物も出てきます。
もし枯れてしまっても、がっかりしたり、
「私の手入れが悪かったのだろうか」と、
落ち込んだりしないでください。試行錯誤を繰り返すなかで、
その環境に合った植物が必ず見つかります。

2 どんな小さなスペースでもあきらめない。

こんなに小さいスペースは、"庭"にはならないかも。
日もあまり当たらないし、放っておくしかない——
そんな思い込みは、捨てましょう。
たとえ奥行き15cmしかない場所でも、
ランチョンマットくらいのスペースでも、
アイデアとほんのちょっと植物の知識さえあれば
小さな庭にするのは可能です。
あきらめない。それが、何より大事です。

3 最初から完璧を求めない。

素敵な庭の写真を見ると、「我が家もこんなふうにしたい」と、夢が広がるでしょう。でも、焦りは禁物。最初から完成されたガーデンを目指すのではなく、少しずつ理想の風景に近づけていきましょう。とくに初心者の場合、なるべく手間のかからないローメンテナンスな庭がおすすめ。無理をせずに、気張らないことが、長続きの秘訣です。

小さな庭づくり

5 よく観察し、記録をとる。

環境に合った植物を見定めたり、
美しい花合わせを実現するためには、観察が大事です。
花期がどのくらいなのか。夏越し、冬越しはできるのか。
とくに昨今は夏の気温が高くなっているため、
本来は宿根草であるはずの植物も、夏に枯れてしまい
一年草扱いにせざるをえない場合もあります。
何が枯れたかも記録しておけば、翌年、参考になります。

4 アイデアが湧いたら、とにかく実行！

スモールガーデンは、小さなキャンバスみたいなもの。
自由な発想で、自分なりの世界を作ってみてください。
身のまわりのちょっとしたスペースが美しく生まれ変わると、
愛おしい気持ちになり、見るたびに気持ちが温かくなるはずです。
ルールはありません。あなただけの小さな庭を、
ぜひ作ってみてください。

そろえておきたい道具

園芸作業をするために最低限そろえておきたい、ベーシックな道具です。

園芸用グローブ
手の汚れや、かぶれなどを防ぎます。バラを扱う際には、革製のものや分厚いものを。

筒型土入れ
狭い場所での植えつけや、寄せ植えを作る際、株元に土を入れやすいので重宝します。

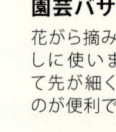
園芸バサミ
花がら摘みや切り戻しに使います。軽くて先が細く尖ったものが便利です。

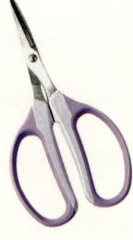
剪定バサミ
園芸バサミでは切りにくい小枝などを切るのに使います。

中型シャベル
金属製で一体化したシャベル。大きすぎると小さな花壇で使いにくいので中型のものを。

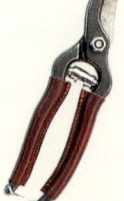
ジョウロ
実用面だけではなく、見た目も意識すると、「飾る」収納に役立ちます。

スコップ
鉢植えや小さな植えますなどでは、小型のものが便利です。

本書の図鑑データの見方

P22～25、P34～37、P42～43、P46の図鑑は、庭や寄せ植えなどで使いやすい園芸植物を中心に掲載しています。花期などは、主に関東から関西の太平洋側平野部を基準として表示しています。

❶ **アジュガ**
❷ 耐寒性宿根草｜❸ シソ科｜❹ 草丈10～20cm
❺ 斑入り葉、銅葉の品種があり、よく広がり日陰のグラウンドカバーとして活躍します。春に一面に花が咲く光景は見事。湿り気がある場所を好みます。
❻ 開花期 1 2 3 4 5 6 7 8 9 10 11 12
❼ 葉の観賞期 1 2 3 4 5 6 7 8 9 10 11 12

❶ **植物名**
一般的な流通名を記載しています。

❷ **耐寒性と園芸的分類**
その植物の園芸的な性質と分類。園芸的分類は、多年にわたって同じ時期に花を楽しめる「宿根草」、冬も地上部が枯れない「多年草」、一年ないし二年で生命サイクルが終わる「一、二年草」、球根で育つ「球根植物」、「つる性植物」などがあります。

❸ **科名**
「科」は、植物の分類学上の段階。同じ科の植物は、似た性質があります。分類法により、科の表示が変わる場合もあります。

❹ **草丈**
その品種の平均的な草丈。ただし、栽培条件や品種特性によって、草丈が変わる場合もあります。

❺ **解説**
それぞれの植物の特徴や、育て方などについて記しています。

❻ **開花期**
その品種の平均的な開花期間。ただし、栽培条件によってはずれる場合もあります。

❼ **葉の観賞期**
カラーリーフなど葉の美しさを楽しむ植物に関しては、葉が観賞できる時期を表示しています。

Part 1

場所別 ガーデンデザインの コツ

こんな場所が小さな庭に

家のまわりや敷地を隅々まで探すと、花壇や庭にできるスペースはあちこちにあります。狭いから、条件が悪いからとあきらめる前に、自由な発想で。日当たりや風通しをチェックして、条件に合う植物を見つけチャレンジしてみてください。

玄関まわり

家の"顔"ともいうべき玄関。高さを変えた寄せ植えなどを配置すると、印象がアップ。

P.26

半日陰のデッドスペース

風通しも日照も不足しがちなスペースは、半日陰に強い丈夫な植物や小物を活用して演出。

P.30,38

駐車場の端

無機的になりがちな駐車場。端や石などの隙間に植物を植えることで、和める空間に。

P.28

 Part 1　場所別ガーデンデザインのコツ

ベランダ

ベランダやウッドデッキなど土のないスペースは、鉢植えや雑貨で個性を発揮しましょう。

P.32

狭い通路

建物と塀やフェンスの間はデッドスペースになりがち。ちょっとした工夫で、狭いスペースも見映えよくなります。

P.30,38

フェンス

つる植物を誘引することで、立体的にスペースを活用できます。

P.44

植えます

既成の植えますを活用したり、新たに作ることで、庭が外に向かって開かれます。

P.16

木の下のスペース

落葉樹は、冬〜早春は寂しくなりがち。根元に一年草やカラーリーフを植えると、明るく華やかに。

P.30

奥行きの狭い花壇

建物や塀沿いに作られた植栽スペースは、奥行きが狭い場合が多く、スペースは奥行きがたいしたことはできないとあきらめている人もいるようです。でもそれは、単なる思い込み。たとえ奥行きが狭く、使える地面の面積がそう広くなくても、ドラマチックなガーデンを作ることは可能です。

たとえば左ページの花壇は奥行きは30cm、レンガの分を除くと、土のスペースは奥行きがたった20cmしかありません。一方、横幅は4.3mと、とても細長いスペースです。もともとはコニファーが数本植えられていましたが、コニファーを抜いて、花壇に生まれ変わらせました。

こうした横長の花壇は、ともすれば単調になりがちです。単調にならないためには、①同じような花を規則的に列植しない、②隣り合う植物の葉色や葉形に変化をつける、③何本か木を植えるなどして高低差を作ること、がポイントです。

奥行きの狭い花壇の場合、立体的に見せるためにつるバラを導入するのもおすすめです。壁に誘引したり、窓枠や雨どい、フェンスなどをうまく利用し、つるバラを取り入れてみてください。

また、一、二年草は次々と花が咲き、華やかですが、毎日の花がら摘みや植え替えでけっこう手入れが大変です。葉色が魅力的なカラーリーフプランツなど、ローメンテナンスですむ宿根草を多めに植え、その合間に一、二年草をアクセントとして植えると、あまり手間がかかりません。一、二年草の植え替えは年に2回程度で、1年を通して美しい花壇を楽しむことができます。

奥行き30cm幅1.2mの花壇。オールドローズ・紫玉をフェンスに誘引し、足元にカラーリーフを。

奥行き10cmのスペースに春の花を。狭い場所でも高低差をつけて。

高さのあるユーフォルビアを後ろに植え、手前にストック、アリッサム、紫キャベツなど。

奥行き約30cm、幅4.3mの花壇を32種類の植物で構成。常緑樹3種、落葉樹5種、一年草扱い8種、宿根草16種。

パンジー、ビオラ、カレンデュラ、宿根ネメシアなどに黒竜や紫キャベツを組み合わせて。

 一年草は花期が長いものを

一年草を植える場合、秋〜春であればパンジー、ビオラ、カレンデュラ、春〜秋はペチュニア、カリブラコア、ジニアといった花期の長いものを選ぶと、植え替え回数が少なくてすみます。花期をより長くするためには、まめに花がら摘みをすること、時々追肥を施すことが大事です。

早春から初夏に花が咲くビバーナム・ティヌス。秋には美しい青い実がなる。

常緑樹のスキミア。根元の花は斑入りコデマリ（左）とカリブラコア（右）。

 常緑樹を入れる

冬に地上部が枯れる宿根草や落葉樹を中心に花壇を構成すると、冬に緑が少なくなり、寂しくなりがちです。常緑樹を何本か入れ、冬も緑を残すようにしましょう。常緑樹の根元にパンジーやビオラなど冬の間も咲く花を植えると、緑が背景となって冬も風景が明るくなります。

 高低差をつける

細長い空間を単調にしないためには、高低差をつけることが大事です。ところどころに木を入れ、手前に背の低い花を配置しましょう。また、隣り合う植物の葉色や葉形に差をつけるようにするのも、単調さを解消するポイント。下垂性の植物を植えて、花壇から垂らせてもよいでしょう。

バラなど背が高い植物と、足元を飾る花を組み合わせて立体的に。

Part 1　場所別ガーデンデザインのコツ

Point 4　葉色のきれいな木を使う

木は手間がかからないうえ、年々育って樹形が整い空間のアクセントになるので、ぜひ植えたいもの。狭いスペースに木を植える際は、樹高が高くならない小低木を選ぶようにします。また、花だけではなく葉色も美しいものがおすすめ。花がない季節もカラーリーフとして、風景にメリハリをつけてくれます。

花が美しい宿根草や一年草と、ギボウシやヒューケラがハーモニーを生んでいる。

右端のライム色の葉の木はアメリカテマリシモツケ・ルテウス、中央の銅葉の木はアメリカテマリシモツケ・マゼルトブラウン。初夏に小花がかたまって咲く。

Point 5　葉の美しい宿根草を効果的に

花だけで花壇を構成すると、手入れも大変ですし、見た目も息苦しくなりがちです。銅葉や斑入り葉、シルバーリーフなどのカラーリーフプランツを加えることで、シックな色彩になり、花も映えます。とくにヒューケラは冬も地上部が残るので、おすすめの植物です。

横長の花壇のほぼ中央に植えられた、イングリッシュローズのアンブリッジローズ。四季咲き性が強い品種。

Point 6　季節の見せ場を作る

春夏秋冬を通し、どこかに季節の見せ場を作ると、フォーカルポイントとなり人目を引きます。たとえば冬ならさまざまなパンジーやビオラ、春はチューリップなどの球根植物、初夏はバラ……。小花で面を埋めたり、存在感のある花で、季節感を表現してみてください。

植えます

植えますとは、レンガやコンクリートなどで囲んだ植栽スペースのこと。一般的に塀などの外構や家屋の壁に付属する構造物として作られているものを指し、20ページのレイズドベッド（立ち上げ花壇）と区別しています。最近は門の脇や、家屋や塀沿いに、あらかじめ植えますを設けている住宅が増えているようです。植えますは狭い場所でも作ることが可能なので、ない場合は、家のまわりで設置できそうなところを探すとよいかもしれません。

植えますはある程度高さがあり、まわりに縁がある分、地面に植えた場合よりも植物が視界に入りやすいという特徴があります。そのためたとえスペースが小さくても、メインステージとして"見せ場"にできる場所。言ってみれば、腕の振るいどころです。場合によってはフェンスやトレリスを利用したり、板で背景を作るなどして、バラやつる性植物を誘引して立体的に展開することも可能です。

小さな植えますは、寄せ植え感覚で楽しみましょう。高さのある植物やカラーリーフを適度に混ぜ、季節の花を組み合わせて。花色を絞ったほうが、まとまりがよくなります。

コンクリートなどで底がふさがれている場合は、底のほうに大粒の鉢底石を多めに入れ、なるべく水はけのよい土を用いるのがコツ。またコンクリートの植えますに直射日光が当たると、なかの土の温度が高くなることもあります。それぞれの環境に合った植物を探してみてください。

クリスマスローズとクローバー、リシマキアとアンティーク雑貨を組み合わせた個性的な演出。

寄せ植え感覚の植えます。さまざまなカラーリーフを組み合わせ、季節の花を少し加えている。

道路に面した植えます。シンボルツリーを背景に、寄せ植えや背の高いフジバカマで立体的に。翌春咲くチューリップも仕込まれている。写真は11月。

2年目初夏
1年経ち、宿根草が大きく育っている。ペチュニアで新鮮な印象に。

1年目春
丈夫な宿根草を多くし、アネモネで季節感を表現。

Point 1　手間を軽くしたいなら一年草を植え替える

忙しくて季節ごとに植えますの植物を全部植え替えるのは大変という方は、数年植えっぱなしで大丈夫な宿根草を何種類か植え、一、二年草を植え替えるようにすると手入れが楽です。写真の半円形の植えますの場合、尖った葉のニューサイランとミニバラである程度高さを出し、宿根草を数種類植えてあります。1年目は球根植物のアネモネでふわっとした春の季節感を表現し、翌年の春〜夏は紫系のペチュニアでシックな雰囲気に。

咲き終わった一、二年草は抜き、新しい培養土、堆肥、元肥を加え、植え替えをします。アネモネは枯れてきたら掘り上げ、日陰で乾かし、秋に庭に植えました。また伸びすぎた宿根草は適宜切り戻し、秋には枯れた枝などを整理します。ただ宿根草も、株の老化や根詰まりを防ぐために、2〜3年に1度は植え替えや株分けが必要です。

2年目の植物

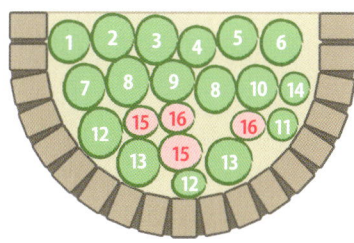

植えっぱなしの植物
① ロータスブリムストーン
② 宿根アリッサム
③ アルメリア
④ ニューサイラン・パープレア
⑤ プラチナラベンダー・シルバーアヌーク
⑥ ミニバラ・グリーンアイス
⑦ 黒竜
⑧ 宿根ネメシア
⑨ スキミア
⑩ ラベンダー・スターマイン
⑪ ブラキカム・イエローサンバ
⑫ アイビー
⑬ 宿根イベリス
⑭ ムスカリ

2年目に植え替えた植物
⑮ アネモネ、紫キャベツ（1年目）→ペチュニア・ピンストライプ（2年目）
⑯ アネモネ、紫キャベツ（1年目）→ペチュニア・ミステリア（2年目）

2年目の春に植えた一年草。同系色で花径の違うペチュニアを用い、色調を統一。

トキワマンサク、斑入りのツワブキやギボウシなど葉色の違う植物で構成。

Point 2　半日陰の植えますは木やカラーリーフで

半日陰や、逆に直射日光でコンクリートが熱くなりすぎるところは、なるべく丈夫な植物で構成しましょう。半日陰の場合は、斑入り葉や銅葉など、葉の美しい木や宿根草を中心に。葉ものだけでは寂しい場合は、隙間に季節の寄せ植えなどを置いて華やかさを補いましょう。

メインカラー オレンジ

❾ ガイラルディア

❾ ガイラルディア

❽ キンギョソウ

⓭ マリーゴールド

サブカラー 紫

宿根リナリア・プルプレア、サフィニア・ラベンダーレース、エリゲロン・スピカータなど。

春 ▶ 夏　ビビッドな色合わせ

❶ ヒューケラ
❷ 斑入りツルハナナス
❸ アイビーゼラニウム
❹ ローズマリー
❺ バーベナ・リギダ
❻ マトリカリア
❼ アニソドンティア
❽ キンギョソウ
❾ ガイラルディア
❿ ウェストリンギア
⓫ ホワイトソルトブッシュ
⓬ 斑入りコデマリ
⓭ マリーゴールド
⓮ ドドナエア
⓯ リシマキア・リッシー
⓰ 五色セリ・フラミンゴ
⓱ エリゲロン・スピカータ
⓲ 宿根リナリア・プルプレア
⓳ ニューサイラン・パープレア
⓴ サフィニア・ラベンダーレース
㉑ ペンステモン・エレクトリックブルー
㉒ ユーフォルビア・パープレア
㉓ ガーデンカーネーション
㉔ ワイルドストロベリー
㉕ ゴールデンハニーサックル

Point 3

季節に合わせて色の変化を楽しむ

小さめの植えますの場合、あまりいろいろな色の花を植えてしまうと、ガチャガチャしてしまいがち。季節ごとに色のテーマを決めると、まとまりやすくなります。その際、ある程度メリハリをつけるため、メインカラーとサブカラーを決めるのがコツ。お互いに引き立て合う色を選び、花径や花形が違う植物を組み合わせましょう。

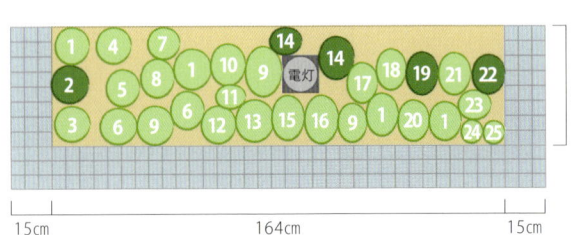

メインカラー ワインレッド

⑬ チョコレートコスモス 　⑮ ダイアンサス

⑰ コプロスマ・チョコレート 　⑧ ケイトウ・スマートルック

サブカラー 紫

オルトシフォン・ラビアヌスやサルビア・レウカンサなどピンクがかった紫の花と赤紫の葉で。

秋 ▶ 冬　シックな色合わせ

1. ヒューケラ
2. 斑入りツルハナナス
3. コリウス
4. 黄金カズラ
5. アカリファ・ファイヤーウェーブ
6. カクトラノオ・フィソステギア
7. カップ咲きハボタン・ブラックルシアン
8. ケイトウ・スマートルック
9. アルテナンテラ
10. コルジリネ・レッドスター
11. サルビア・レウカンサ
12. オルトシフォン・ラビアヌス
13. チョコレートコスモス
14. ドドナエア
15. ダイアンサス
16. オキザリス・レグネリー（紫の舞）
17. コプロスマ・チョコレート
18. フジバカマ・羽衣
19. ニューサイラン
20. イレシネ・パープルレディ
21. ベゴニア
22. ユーフォルビア
23. 斑入りコデマリ
24. エゴポディウム・バリエガータ
25. ビデンス・ハッピーシャイン

カラーリーフ

③ コリウス / ⑤ アカリファ・ファイヤーウェーブ　⑦ カップ咲きハボタン・ブラックルシアン　⑯ オキザリス・レグネリー（紫の舞）

⑨ アルテナンテラ・マーブルクィーン　⑳ イレシネ・パープルレディ　① ヒューケラ・アンバーウェーブ

② 斑入りツルハナナス、⑭ ドドナエア、⑲ ニューサイラン、㉒ ユーフォルビアは年間を通して植えっぱなし。㉓ 斑入りコデマリは場所を移動。

バラのレイズドベッド。バラの株元には、ヒューケラやグラウンドカバープランツが植えられている。

レイズドベッド

レイズドベッドとは、レンガなどを積み上げて高さを出した、立ち上げ花壇のこと。植えますとほとんど同義語と考えてもよいのですが、必ずしも構造物に付随しているわけではありません。たとえば庭の一部を少し高くして、レンガなどで囲った場合は、一般的にレイズドベッドと呼んでいます。

材料はレンガや化粧ブロック、天然石、枕木などさまざまです。モルタルを使ってレンガを固定するのが面倒な場合は、簡単に積み上げられるタイプのものもあります（70〜75ページ参照）。

レイズドベッドは空間が立体的になり、視覚的なアクセントになるだけではなく、地面から立ち上げて培養土を入れることで水はけもよくなります。また高さが出る分、日当たりや風通しも改善されます。つまりレイズドベッドには、植物の生育条件をよくする働きもあるのです。ぜひ積極的に取り入れてみてください。

 **Point 1** スペースに合わせて自由な形で

下の写真はマンホールの蓋を避けて作ったレイズドベッド。障害物を逆手にとったことで、逆にデザイン的に面白いものになり、空間のアクセントとなっています。レイズドベッドの形に決まりはありません。立体的な絵を描くつもりで、自由に発想してみてください。

半日陰向きの植物を中心に、プリムラやビオラで華やかさを添えて。

Part 1 場所別ガーデンデザインのコツ

Point 2 植えっぱなしOKの植物を主体に

花壇の世話をする時間がなかなかとれない場合は、ローメンテナンスですむ植物を選びましょう。下の写真はユキヤナギやローズマリー、ビバーナムなどの小低木と丈夫な宿根草で構成しています。2〜3品種、季節の一、二年草を加えるだけで十分華やかになります。

植え込みをした年

翌年春の様子

❷バコパ（紫色）

❹アリッサム・サクサティリス

❼スカビオサ

❽セラスチウム

植えっぱなしの植物
① ニューサイラン
② バコパ（紫色）
③ エリゲロン・カルビンスキアヌス
④ アリッサム・サクサティリス
⑤ アイビー
⑥ ビバーナム・ダビディ
⑦ スカビオサ
⑧ セラスチウム
⑨ ローズマリー
⑩ ユキヤナギ黄金
⑪ ノシラン

季節の一、二年草
⑫ ジギタリス
⑬ オルラヤ

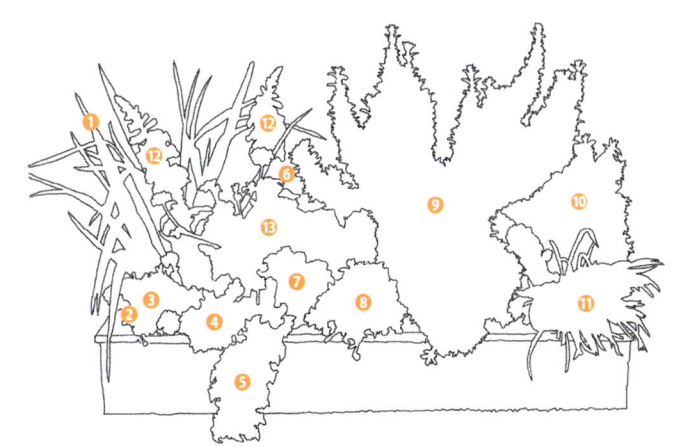

小さな庭で使いやすい植物

> 高さやボリュームがある宿根草。花壇の背景やアクセントに向きます　　**背が高い宿根草**

アンゲロニア
非耐寒性宿根草｜ゴマノハグサ科｜草丈30〜90cm

夏に穂状の花が次々と咲き、高温多湿に強い植物。切り戻すと花期が長くなります。日当たりと風通しを好みますが、耐陰性もあるので、半日陰でも育ちます。冬越しには10℃以上が必要。

開花期 1 2 3 4 **5 6 7 8 9 10** 11 12

エキナセア
耐寒性宿根草｜キク科｜草丈60〜80cm

中心が盛り上がった存在感のある花。新品種がどんどん生まれ、花色もバラエティー豊富。花もちがよく、花期も長く、次々と咲き続けます。日当たりと水はけがよいところで育てましょう。

開花期 1 2 3 4 **5 6 7 8 9** 10 11 12

サルビア
耐寒性宿根草｜シソ科｜草丈40〜150cm

セージの仲間。夏から秋にかけて咲く品種や、常緑の低木になる品種など、多種多様な品種があります。総じて丈夫で、土質も選びません。草丈や開花時期を確認して植える場所を考えましょう。

開花期 **1 2 3 4 5 6 7 8 9 10 11 12**

バーバスカム
耐寒性宿根草
ゴマノハグサ科
草丈70〜100cm

長い花穂に次々と花が咲きます。小花が咲く品種や、大輪の華やかな花が咲く品種など、品種により雰囲気も違います。花穂の縦のラインを生かした植栽にすると、魅力を発揮します。

開花期
1 2 3 **4 5 6**
7 8 9 10 11 12

宿根リナリア
耐寒性宿根草｜ゴマノハグサ科｜草丈70〜100cm

花穂がすらりと伸び、キンギョソウを小さくしたようなかわいい花がたくさん咲きます。花色は白、ピンク、紫など。ブルーグレーの葉も魅力的です。切り戻すと次々と咲きます。

開花期 1 2 3 **4 5 6 7** 8 9 10 11 12

リシマキア・ボジョレー
耐寒性宿根草｜サクラソウ科｜草丈50〜100cm

シックなワインレッドの花穂と白い光沢のある葉のコントラストが美しい人気品種。秋に苗を植えて春までに大株にすると、花数が増えます。寄せ植えでも活躍します。夏に半日陰になるところが向いています。

開花期 1 2 **3 4 5 6** 7 8 9 10 11 12

ガウラ
耐寒性宿根草｜アカバナ科｜草丈40〜120cm

細い茎に小花が咲く様子が、蝶が舞う姿を思わせることから、ハクチョウソウとも呼ばれます。風に揺れる様がとても優雅。丈夫で育てやすく、年々大株になります。コンパクトタイプもあります。

開花期 1 2 3 4 **5 6 7 8 9 10 11** 12

スカビオサ
耐寒性宿根草｜マツムシソウ科｜草丈20〜100cm

花の中央が盛り上がる個性的な花姿が特徴。わい性から背の高いものまでさまざまな品種があり、花期もいろいろです。高温多湿が苦手なので、品種によっては夏越しできない場合もあります。

開花期 1 2 **3 4 5 6 7 8 9 10** 11 12

ユーフォルビア
耐寒性宿根草｜トウダイグサ科｜草丈30〜100cm

存在感のある株姿が特徴的。銀葉、銅葉などさまざまな種類があります。個性的な苞（ほう）は、長期間残ります。高温多湿に弱いので乾燥気味に育てます。

開花期 1 2 3 **4 5 6 7** 8 9 10 11 12
葉の観賞期 **1 2 3 4 5 6 7 8 9 10 11 12**

Part 1 場所別ガーデンデザインのコツ

花壇や寄せ植えで使いやすい、丈夫な宿根草を集めました **背が低い〜中くらいの宿根草**

コレオプシス
耐寒性宿根草 | キク科 | 草丈30〜60cm
繊細な葉と花径4〜5cmのコスモスみたいなシンプルな花の対比が魅力的。花後に切り戻すと、再び開花します。高温多湿を嫌うのでムレに注意し、肥料切れにならないよう、適宜追肥を与えます。

開花期 4・5・6・7・8・9・10

クリスマスローズ
耐寒性宿根草 | キンポウゲ科 | 草丈30〜60cm
真冬に咲く純白のニゲル種と、早春に咲く交配種ともに人気。耐陰性があり、半日陰でも育ちます。10月頃に追肥を与えると、花つきがよくなります。11〜12月に傷んだ古葉を取りましょう。
開花期 1・2・3・4

マーガレット
耐寒性多年草 | キク科 | 草丈20〜100cm
一重、八重、ポンポン咲きなど品種が豊富です。高温多湿を嫌うので乾燥気味に育て、草丈が高くなったら支柱をします。9月頃、切り戻すと新しい芽が出ます。2〜3年に1度は植え替えましょう。

開花期 3・4・5・6・7・10・11

バーベナ・リギダ
耐寒性宿根草 | クマツヅラ科 | 草丈30〜60cm
すらっと伸びた茎のてっぺんに、テマリ状に花房がつきます。花色は淡いピンクや紫色で、楚々としたナチュラルな雰囲気。丈夫で手がかからず、地下茎で増えていきます。
開花期 4・5・6・7・8・9・10

オレガノ・ケントビューティー
半耐寒性多年草 | シソ科 | 草丈10〜30cm
観賞用のオレガノ。ピンクの花びらのように見えるのは苞で、その中に小さい紫桃色の花が咲きます。高温多湿を嫌うので、風通しのよい場所で管理を。夏は直射日光を避け、半日陰で育てます。
開花期 6・7・8

宿根フロックス
耐寒性宿根草 | ハナシノブ科 | 草丈15〜100cm
高性種から小型種まで品種が豊富で、花期もいろいろです。夏も元気に咲く品種が多く、群生させると見事です。花色はピンク〜紫系が中心。花がらを切ると、わき芽が伸びて再び開花します。
開花期 4・5・6・7・8・9

宿根バーベナ
半耐寒性宿根草 | クマツヅラ科 | 草丈15〜30cm
サクラソウに似た色鮮やかな小さな花が長期間咲き続けます。耐寒性、耐暑性があり丈夫。花がひと休みしたら切り戻すと、再び開花します。（白い花はユーフォルビア・ダイアモンドフロスト）
開花期 4・5・6・7・8・9・10・11

アイビーゼラニウム
半耐寒性宿根草 | フウロソウ科 | 草丈30〜50cm
アイビーの葉に似た光沢のある葉を持ち、茎が下垂するので、ハンギングバスケットやコンテナの前面などに向きます。高温多湿が苦手なので、夏前に切り戻すと、秋に再び開花します。
開花期 4・5・6・7・8・9・10・11

> 花壇や寄せ植えで使いやすい、丈夫な宿根草を集めました　**背が低い〜中くらいの宿根草**

アリッサム・サクサティリス
耐寒性宿根草｜アブラナ科｜10〜20cm

別名バスケット オブ ゴールド。とても丈夫で、春に株いっぱいに黄色の花が咲きます。湿気を嫌うので、レイズドベッドや植えますの前面などで乾燥気味に育てます。ほんのり芳香もあります。

開花期　4・5

カンパニュラ・アルペンブルー
耐寒性宿根草｜キキョウ科｜草丈20〜40cm

小型タイプのカンパニュラで、小さな星形の花があふれるように咲きます。グラウンドカバーにもなり、レイズドベッドから垂れ下がらしても素敵。鉢植えにも向き、半日陰でもよく咲きます。

開花期　5・6・7

西洋オダマキ
耐寒性多年草｜キンポウゲ科｜草丈15〜60cm

花が下を向くもの、上向きのもの、八重咲きなど品種が豊富。丈夫ですが、移植を嫌います。夏の暑さが苦手なので、風通しのいい半日陰が向いています。こぼれ種でも増えます。別名アクイレギア。

開花期　4・5・6

ユーフォルビア・ダイアモンドフィズ
非耐寒性宿根草｜トウダイグサ科｜草丈30〜40cm

春から秋まで小さな八重咲きの白花があふれるように咲き続け、清楚で涼しげです。咲き終わった花は自然に落ちるので、花がら摘みの必要はありません。真夏は半日陰で管理しましょう。

開花期　4・5・6・7・8・9・10・11

ダイアンサス
耐寒性宿根草｜ナデシコ科｜10〜70cm

別名ナデシコ。小型種から高性種までさまざまな品種があります。花がらは花茎ごと切り取ると、二番花、三番花が咲きます。本来宿根草ですが、品種や条件によって一年草扱いにする場合もあります。

開花期　4・5・6・7・9・10・11

宿根ネメシア
耐寒性多年草｜ゴマノハグサ科｜草丈15〜30cm

ピンク、白、紫、オレンジ色などの花が穂状に咲き、切り戻すと次々と花穂が上がります。丈夫ですが高温多湿に弱いので、水はけのよい土に植えて風通しをよくし、ムレに注意しましょう。

開花期　3・4・5・6・7・9・10・11・12

ホルデューム・ジュバタム
半常緑宿根草｜イネ科｜草丈30〜60cm

麦の仲間で別名リスノシッポ。やわらかでシルキーな穂は風にたなびくと美しく、光を受けるとキラキラ輝きます。穂の出始めはライムグリーンで、やがて黄金色に。暖地では一年草扱いにします。

開花期　5・6・7・8

カレックス
耐寒性宿根草｜カヤツリグサ科｜草丈15〜60cm

根元からすっと伸びる繊細な葉の形を楽しむ植物。葉色はいろいろで、庭植えのほか、寄せ植えの脇役としても活躍します。丈夫で、しっかりと根を張ります。大きくなったら株分けしましょう。

葉の観賞期　3・4・5・6・7・8・9・10・11

フランネルフラワー
非耐寒性宿根草｜セリ科｜草丈30〜40cm

白い花とシルバーリーフの調和が魅力。花に細かい毛が密集し、肌触りが毛織物のフランネルに似ていることからこの名がつきました。高温多湿が苦手で、雨にも弱いことから、鉢植えが向きます。

開花期　3・4・5・6・7・8・9・10

Part 1 場所別ガーデンデザインのコツ

小道沿いや花壇のエッジ、小さな場所を埋めるのに活躍します　グラウンドカバー向きの宿根草

ベロニカ・オックスフォードブルー
耐寒性宿根草｜ゴマノハグサ科｜草丈10〜20cm
細い茎が枝分かれしながらカーペット状に広がり、青紫色の小花が株全体に咲きます。直射日光が当たらない半日陰向き。湿り気を好むので、乾燥しすぎないように気をつけましょう。
開花期　3・4・5

クリーピングタイム
耐寒性常緑低木｜シソ科｜草丈10〜15cm
ピンク色の花が美しいほふく性のタイム。乾きやすい場所などのグラウンドカバーとして活躍します。生育旺盛なので、株間を空けて植えつけを。ムレに弱いので夏前に刈り込むとよいでしょう。
開花期　6・7・8

セラスチウム
耐寒性宿根草｜ナデシコ科｜草丈15〜25cm
白い小花がカーペット状に咲き、銀葉も魅力。レイズドベッドの縁や石垣などのグラウンドカバーに向いています。高温多湿が苦手なので花後に刈り込みを。
開花期　4・5
葉の観賞期　1・2・3・4・5・6・7・8・9・10・11・12

宿根イベリス
耐寒性宿根草｜アブラナ科｜草丈10〜20cm
小さい白い花がまとまって咲きます。日当たりを好み、過湿を嫌うので、夏は風通しをよくしましょう。花がらを小まめに摘むと、わき芽が出て次の花が咲きます。移植を嫌うので植えっぱなしに。
開花期　1・2・3・4・5・6

ラミウム
耐寒性宿根草｜シソ科｜草丈5〜20cm
銀葉、黄金葉、斑入りなどの品種があり、半日陰でも育ちます。寄せ植えの脇役や、レイズドベッドや植えますの前面、グラウンドカバー向き。
開花期　5・6
葉の観賞期　1・2・3・4・5・6・7・8・9・10・11・12

ニーレンベルギア
半耐寒性宿根草｜ナス科｜20〜40cm
盃状のかわいい小花がたくさん咲き、ほふく性のものやドーム状になるもの、立ち性のものなどさまざまな品種があります。ギンバイソウの和名を持つレペンスは日陰にも耐え、耐寒性が強い品種。
開花期　4・5・6・7・8・9・10

リシマキア・ヌンムラリア
耐寒性宿根草｜サクラソウ科｜草丈5〜15cm
ほふく性で成長が早く、寄せ植えの脇役やグラウンドカバー向き。葉焼けしやすいので、西日や夏の直射日光が当たらない場所に植えましょう。
開花期　4・5・6
葉の観賞期　4・5・6・7・8・9・10・11

セダム
半耐寒性多肉植物｜ベンケイソウ科｜草丈10〜20cm
数あるセダムの中でグラウンドカバーに向くのは、細葉マンネングサや丸葉マンネングサの仲間。成長は旺盛ですがムレに弱いので注意。
開花期　3・4・5
葉の観賞期　1・2・3・4・5・6・7・8・9・10・11・12

エリゲロン・カルビンスキアヌス
耐寒性宿根草｜キク科｜草丈20〜30cm
細い花弁が放射状に広がる野趣あふれる花は、白からピンクへと色変わりします。半日陰でも育ち、丈夫でどんどん広がります。茂りすぎるとムレるので、梅雨前に刈り込みましょう。
開花期　3・4・5・6・7・8・9・10

玄関まわり

玄関まわりは、いわばその家の顔。訪れた人の第一印象が決まる場所だけに、美しく演出したいものです。玄関まわりを植物で彩る方法としては、フロントガーデンがあります。最近は塀を作らず、外に向けて開かれているお宅も多いようですが、その場合はぜひともフロントガーデンのスペースを設けたいものです。シンボルツリーを植え、背の高いコンテナを置いたりつる性植物を誘引するなどして立体的に空間を構成するなどして立体的に空間を構成するると、平板な印象になりません。玄関まわりは、地植えのスペースがあまりないケースも少なくありません。そういう場合は季節の寄せ植えなど、鉢植えの植物を上手に配して演出しましょう（寄せ植えに関しては84〜96ページ参照）。バラの鉢など普段は日当たりのよい場所で育てて、満開時だけ玄関まわりに飾るという手もあります。鉢植えを置く場合は高さの違う鉢を複数組み合わせ、立体的に構成するのがコツです。

高さの差を出し、ジョウロと組み合わせることでおしゃれな景観に。

寄せ植えで雰囲気づくりを

地植えできるスペースが少ない場合は、寄せ植えなど、鉢植えで構成しましょう。季節ごとに寄せ植えを差し替えれば、印象も変わります。その際、どんな鉢を使うかもポイントです。背景となる扉や壁、床の質感との相性を考え、鉢の材質や色を決めましょう。場合によっては雑貨などと組み合わせ、自分なりの世界観を作ってみては？

鉢が個性的なので、花はシックな色に絞ることで上品な印象になる。

シンボルツリーのオリーブ、高さの違う2つのコンテナがアクセントに。地面の一部に大小のバークチップを敷き、空間に余裕をもたせている。
（植栽デザイン／米山雅子・若松則子）

Point 2

フロントガーデンを作る

家のまわりのちょっとしたスペースなど、探してみると案外フロントガーデンになる場所が見つかるものです。フロントガーデンは人に見せるための庭。手入れに自信がなければ、カラーリーフや丈夫な宿根草を多めにし、花はコンテナで育てるという方法もあります。

冬〜春のコンテナ。右は斑入りヤブコウジ、パンジー、ケール、スキミア、カレンデュラなど。左はパンジーももこ、カルーナ、ワスレナグサ、イベリス、クローバー、バコパなど。

駐車場

駐車場はガランとした空間なので、どうしても殺風景になりがちです。少しでも心地よい空間にするために、ぜひ植物を植えたいもの。車を置くスペースの外側など、探せば植物を植えられるデッドスペースが必ず見つかるはずです。できれば車の出入りに影響ないスペースをコンクリートで固めず、わずかなスペースでもいいので土の部分を作り、植栽にしてみてはどうでしょう。

駐車場の場合、日中に車を置いている時間が長いかどうかによっても、その環境に合う植物を探しましょう。日照や風通しなどの条件が変わってきます。排気ガスの影響も考えられます。まずはいろいろ植えてみて、駐車場を囲む塀やフェンスなどにつる性植物を誘引すれば、立体的に花を楽しむことができます。もし土がない場合は、大きめのコンテナにつるバラなどを植えて誘引することも可能です。

駐車場と玄関が一体となっている場合は、どこかにシンボルツリーを植えると、家の顔としての風格が生まれます。上の写真のように、地面の面積が狭くても、車の上方の空間に枝を伸ばせば木を育てるスペースを確保できます。ちなみに写真の木は、シマトネリコの株立ち（幹が複数ある木の仕立て方）です。

Point 1 駐車スペースをイメージアップ

車を置く場所の下は、日中日陰になる場合が多く、芝などの植栽がすぐ枯れてしまうことがあります。結果的に、雑草の温床になることも。そういう場合はいっそ、レンガチップなどを敷き詰めたほうが、印象がよくなります。しかも雑草除けにもなるので、管理も楽です。

芝生が枯れてしまい、雑草が生えていた駐車スペースを掘り起こし、レンガチップを敷き詰めた。荒れた印象だったスペースが、明るくおしゃれに変身。

Part 1 場所別ガーデンデザインのコツ

駐車スペースにある幅10cmほどの土の部分や、駐車場奥など、条件が悪いところはセダムなどでカバー。

Point 2 条件の悪い場所には丈夫なグラウンドカバーを

枕木やタイルを並べた駐車場は、排水性をよくするため、わざとところどころに隙間を作ってある場合があります。こういう場所は車を置いてある間は日陰になるため、なかなか植物が育ちませんが、セダムなど、丈夫で繁殖力の強いグラウンドカバープランツなら大丈夫です。車の奥のスペースも、日陰になり風通しが悪いことが多いので、セダム類が活躍します。

Point 3 立体的に展開するプランを

駐車場を取り囲む壁や塀なども積極的に利用しましょう。下の写真のバラは、植えたばかりのウイリアム モリス。玄関の柱に誘引予定です。また駐車場の奥にはつるバラのブラン ピエール ド ロンサールを植えてあり、いずれ奥の壁と雨どいに誘引する予定です。

バラのまわりにガウラやゲラニウムなど楚々とした花を配置。

駐車場奥の小スペース。ノリウツギなど半日陰向きの植物で構成。

数種類の宿根草をお試し中。環境に合ったものを残していく。

Point 4 半日陰はまず「試してみる」ところから

駐車場の奥は風通しや日照が足りず、植物にとって条件が悪い場合が少なくありません。そういう場所は、とりあえずいろいろな宿根草や一、二年草を植えてみましょう。枯れたものはあきらめ、残ったものは大事に育てて。必ず、環境に合うものが見つかるはずです。

塀の内側 玄関ポーチの塀の内側で、土の部分は奥行き約20cm。半日陰でも育つギボウシ、黒ミツバ、五色セリ、ティアレラ、ナルコランなどを中心に、季節の花を間に植えている。

デッドスペース 極小スペース

家のまわりを探してみると、さまざまなデッドスペースや極小スペースがあるはずです。たとえば建物と塀の間の、日当たりの悪い狭い通路。庭の角の日陰。落葉樹の根元の小さなスペースなど。「ここをガーデンにするのは無理かも」と思う前に、まずはチャレンジしてみてください。案外、なんとかなるものです。

たとえば落葉樹の根元の場合、秋から春先までの落葉期は、けっこう根元に光が届きます。葉が出るまでの間は花を咲かせる植物をたっぷり楽しんで、葉が茂ってからは半日陰向きのカラーリーフなどでカバーするようにすれば、春先に華やかなミニガーデンを楽しむことができます。また日照が不足しがちな狭い通路などは、立体的に使って高さを確保することで、植物が光を受けやすくなります。

たとえ土がわずかしかなくても、あるいは土がなくても、アイデア次第で小さなガーデンを作ることは可能です。楽しみながら、いろいろ工夫してみてください。

狭い通路 隣家との間の狭い通路。梯子を利用し、雑貨と合わせて、立体的な演出を。セダムやアイビー、サギナなど丈夫な植物を、飾り方で個性的に見せている。

Part 1 場所別ガーデンデザインのコツ

木の下　シマトネリコの根元に、日陰に強く色鮮やかなリシマキア、ロニセラ、インディアンベリーを混ぜて。

シマトネリコの根元部分。マーガレット、カモミール、ティアレア、アリッサム、バコパ、ギボウシ、ヒナゲシ、サルビア、黄メギなど。

縁の下　ウッドデッキの下にユーフォルビアやワイヤープランツなどを植え、小道のエッジを隠している。色味の違うカラーリーフを組み合わせるのがコツ。

日陰のコーナー　ほとんど光の当たらないデッドスペースに、モルタル造形のミニチュアハウスを置き、ミニ植木鉢にセダムを植え、ミニガーデンを実現。

土のないところ

階段や玄関前、駐車場まわりなど、土のない場所で活躍するのが、大型コンテナや鉢植えです。鉢植えの植物で空間を構成する場合、大事なのは、平板にならないよう立体的に構成することと、色彩の調和を図ることです。

同じような大きさの鉢を平面に並べてしまうと、リズムも生まれないし、平板な印象になってしまいます。そうならないためには、「大小の鉢を使う」「高さを変える」ことが大事。また草花だけで構成するのではなく、小低木など木を植えた鉢を加えると、空間にメリハリが生まれます。

大型コンテナは土を入れると重くなるため、移動しないことを前提にします。あらかじめ、設置する場所をよく考えるようにしましょう。フォーカルポイントとして置きたいのが寄せ植えです。寄せ植えはパッと目を引き、土がない空間を演出する際の主役となります。また器との組み合わせ、植物の選び方で、その人ならではの表現ができるのも楽しみ。花期が終わった花は抜いて違う花に差し替えると、長期間楽しむことができます（寄せ植えに関しては84〜96ページ参照）。

視線が向かう場所に鮮やかな色の寄せ植えを。ニューサイランの縦の線がアクセントに。

 **階段はリズムを意識して**

階段に鉢を置く場合は、まずどこに目がいくか、上っていくにつれて景色がどう変わるかを意識して。同じような大きさの寄せ植えをいくつも並べると、かえって一つひとつの印象が薄くなります。一番目がいく場所にメインの寄せ植えを置き、小さい鉢、リーフ類だけの鉢、小低木の鉢などを、緩急をつけて配置しましょう。

ボリュームのある寄せ植えを階段下に置き、上の段は軽やかにすることで、リズム感を作っている。

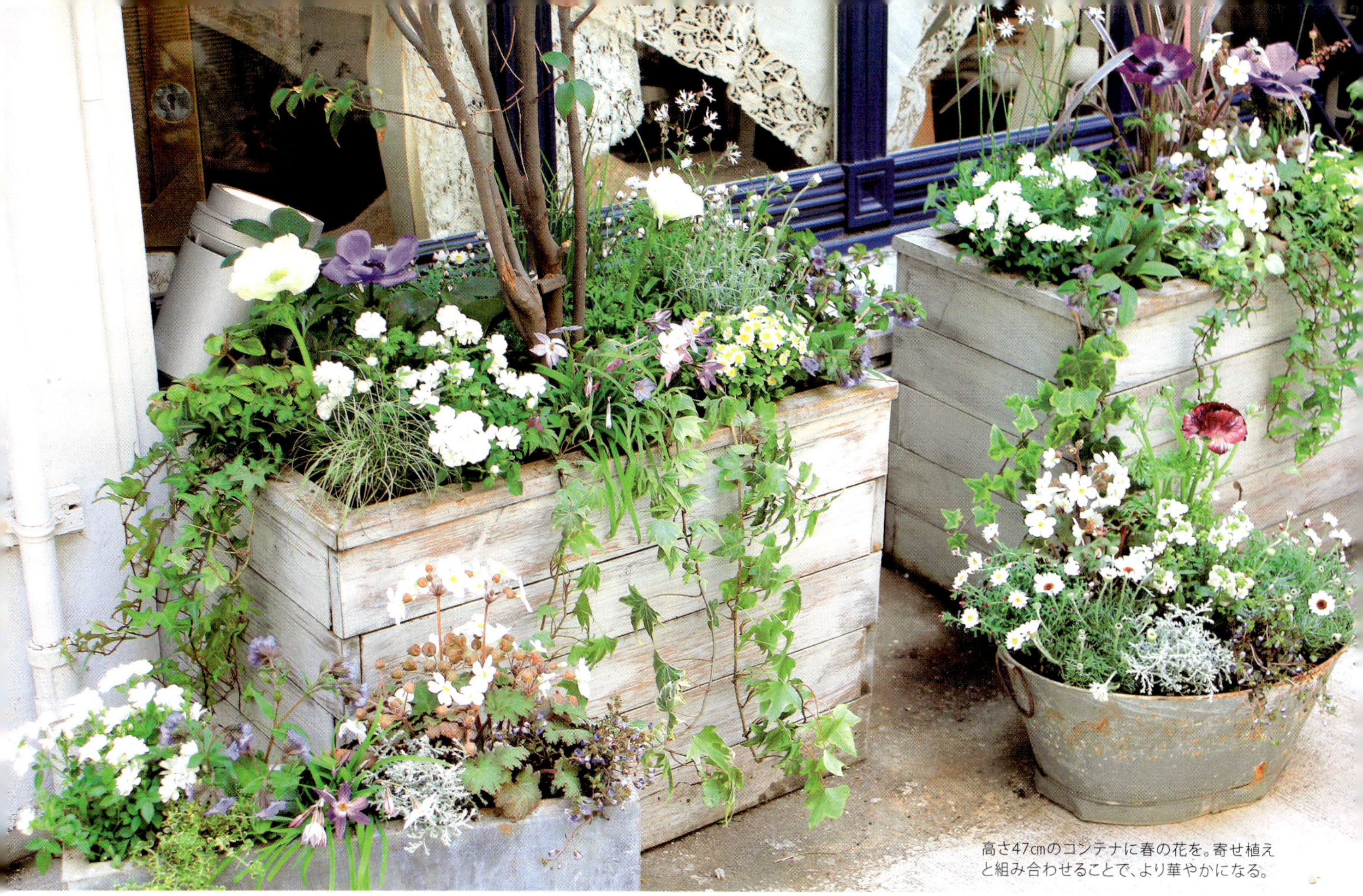

高さ47㎝のコンテナに春の花を。寄せ植えと組み合わせることで、より華やかになる。

Point 2 コンテナや寄せ植えで立体的に

大型のコンテナと鉢を組み合わせると高低差がつき、空間に立体感が出ます。コンテナは底に軽石などを多めに入れて、水はけをよくするように。植えっぱなしでよい植物と季節ごとに差し替える植物を、うまく組み合わせましょう。上に伸びる背が高い植物とアイビーなど下垂性の植物を加えると、より立体感が出ます。

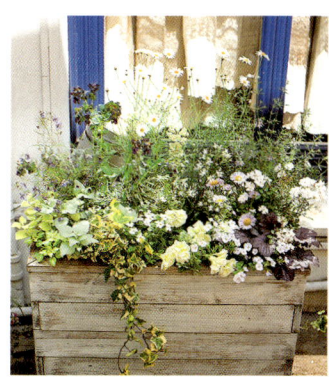

夢の中の草原をイメージし、ふわっとした可憐な花を集めて、春らしさを演出。

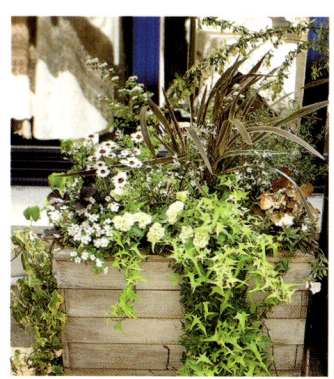

薄紫、ブルー、白の花を中心に、主張の強い花を入れず、葉色で変化を出している。

寄せ植えやオリーブの鉢など、組み合わせることで変化を。

 撮影協力／レイ シフリドゥ レース http://www.schiffli.jp/

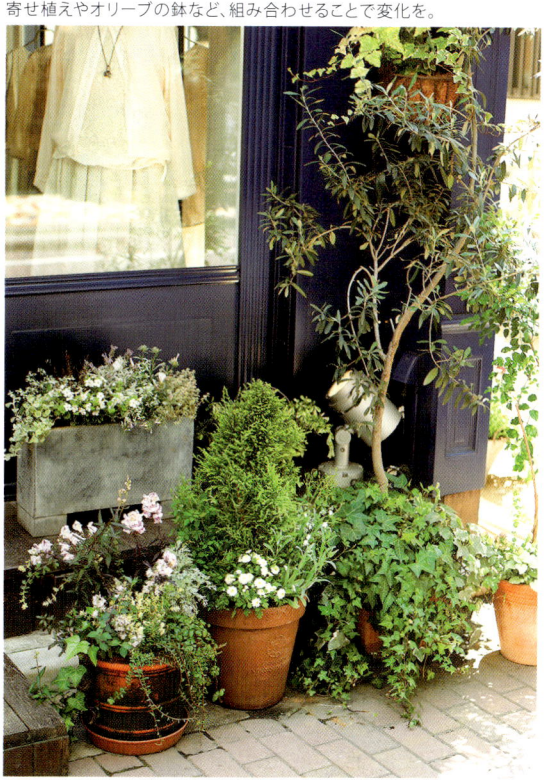

小さな庭で使いやすい植物

存在感があり、空間の雰囲気づくりに役立ちます　　背が高い一、二年草

アグロステンマ
耐寒性一年草｜ナデシコ科｜草丈60〜90cm
別名ムギナデシコ。細くしなやかな茎の先に、優しい雰囲気の花が咲きます。成長とともに倒れやすくなるので、早めに支柱を立てましょう。肥料が多すぎると間延びするので、肥料は控えめに。
開花期　5-6

ラクスパー
耐寒性一年草｜キンポウゲ科｜草丈50〜120cm
別名チドリソウ。やわらかい質感の花が穂になって咲きます。花色は白、紫、ピンクなどで八重咲き品種もあります。繊細な葉と花も魅力的。背が高くなるので、支柱を立てたほうがよいでしょう。
開花期　4-5-6

ギリア・レプタンサ
耐寒性一年草｜ハナシノブ科｜草丈50〜90cm
小さな青紫の花がかたまって、丸いくすだまのようになって咲きます。背が高くなるので、花壇のアクセントになります。切れ込みの入った繊細な葉も魅力的です。
開花期　4-5-6

ニゲラ
耐寒性一年草｜キンポウゲ科｜草丈40〜80cm
別名クロタネソウ。茎は細かく枝分かれし、その先端に一輪の花を咲かせます。花びらに見える部分はがく片で、直径3〜5cm、色は白、青、ピンクなど。花後にぱんぱんにふくらんだ果実ができます。
開花期　5-6

セントーレア・ブラックボール
耐寒性一年草｜キク科｜草丈80〜100cm
珍しい黒花のヤグルマギク。シックな花色が銀葉によく映え、大人っぽい雰囲気です。よく分枝し、次々と花を咲かせます。草丈が高くなるので、必要に応じて支柱を立てましょう。
開花期　5-6-7

オルラヤ
耐寒性一年草｜セリ科｜草丈50〜60cm
白い花が集まってレースのような花序になり、満開時には白花で株が埋まり見事です。草丈も高く花序も大きいですが、ナチュラルな雰囲気がありほかの草花とよく調和します。こぼれ種で増えます。
開花期　4-5-6

セロシア
非耐寒性一年草
ヒユ科
草丈60〜80cm
ケイトウの別名。一般的にセロシアの名で売られているのは、ノゲイトウとも呼ばれる野趣あるタイプです。花穂が長く、花後に切り戻すとまた穂が上がります。秋を代表する花です。
開花期　7-8-9-10-11

ジギタリス
耐寒性宿根草｜ゴマノハグサ科｜60〜100cm
釣鐘状の花が大きな花穂となってたくさん咲き、存在感が抜群です。切り戻すと、二番花が楽しめます。本来は多年草ですが、高温多湿が苦手で暖地では夏を越せない場合もあり、二年草扱いにします。
開花期　5-6-7

セリンセ・マヨール
耐寒性一年草｜ムラサキ科｜草丈30〜50cm
下向きに咲く筒状の紫色の花が、白い斑点のある独特な色の葉と美しく調和します。過湿は苦手なので、やや乾燥ぎみに育てましょう。大きく育つので、株間をしっかりとって植えます。
開花期　4-5-6

Part 1 場所別ガーデンデザインのコツ

> 花期が長く華やかな植物。花壇や寄せ植えの主役になります　**背が低い〜中くらいの一、二年草**

ペチュニア
非耐寒性一年草｜ナス科｜草丈15〜50cm

初夏の花壇の定番。一重、八重、小輪のものなど、さまざまな品種があります。丈夫ですが、雨がやや苦手。梅雨前に約2分の1に切り戻すと、晩秋まで花を楽しめます。追肥を忘れずに。

開花期 4・5・6・7・8・9・10

パンジー、ビオラ
耐寒性一年草｜スミレ科｜草丈10〜30cm

新種が次々と登場し、花色、花形も多彩。花径が大きいものをパンジー、小さいものをビオラと呼びますが、中間種もあります。まめに花がらを摘み、適宜追肥を施すと、長期間咲き続けます。

開花期 1・2・3・4・5・10・11・12

アスペルラ・オリエンタリス
耐寒性一年草｜アカネ科｜草丈20〜30cm

別名タマクルマバソウ。根元から枝分かれしてこんもりと茂り、青紫の小さな花が集まってたくさん咲きます。花がらを摘むと、花期が長くなります。高温多湿が苦手なので、水のやりすぎに注意。

開花期 4・5・6

エリシマム
耐寒性一年草｜アブラナ科｜草丈20〜40cm

別名ニオイアラセイトウ。4枚の花弁が十字に開いて咲き、甘い香りを放ちます。花色はオレンジ、白、赤など。花後に切り戻すと、脇枝が伸びて花が再び咲きます。

開花期 4・5・6

カリブラコア
半耐寒性多年草｜ナス科｜草丈15〜30cm

ペチュニアを小型にしたような花が、株を覆うように次々と咲きます。各社固有のネーミングで発売しており、色彩も豊富で八重もあります。寒冷地以外では、上手に管理すると越冬し、宿根草としても楽しめます。

開花期 4・5・6・7・8・9・10

ジニア
非耐寒性一年草｜キク科｜草丈20〜60cm

別名百日草。その名の通り花期が長く、夏の炎天下でもよく咲いてくれます。品種が豊富で、花色、草丈もいろいろです。乾燥したり肥料切れになると花が貧弱になるので、追肥を忘れずに。

開花期 6・7・8・9・10

インパチェンス
非耐寒性一年草｜ツリフネソウ科｜草丈20〜30cm

初夏から晩秋まで長い間咲き続けます。一重のほか、八重のものもあります。夏の直射日光は苦手なので、半日陰で育てるのが無難。夏の終わり頃、茎が伸びすぎたら、2分の1に切り戻します。

開花期 5・6・7・8・9・10・11

カレンデュラ
耐寒性一年草｜キク科｜草丈10〜50cm

別名キンセンカ。花弁がたくさん重なった暖色の品種が多く、花径は3〜10cm。人気品種のコーヒークリームは色がシックで花期も長く、晩秋に開花株を植えると翌年の春まで咲き続けます。

開花期 1・2・3・4・5・6・11・12

季節を告げる球根植物

花期は短めですが、季節感を演出するために欠かせません

原種チューリップ
耐寒性球根｜ユリ科｜草丈5〜20cm

野生種のチューリップを選抜改良したもので、小型でかわいいことから近年人気です。植えっぱなしでも毎年咲いてくれるので落葉樹の根元などにまとめて植えても魅力的。寄せ植えにも向きます。

開花期 ③④⑤

チューリップ
耐寒性球根｜ユリ科｜草丈10〜60cm

春に咲く球根植物の代表格。一重、百合咲き、フリンジ咲き、八重咲きなどさまざまな花形の品種があり、年々新しい品種が生まれています。鉢植えの場合は、やや浅めに植えます。

開花期 ③④⑤

クロッカス
耐寒性球根｜アヤメ科｜草丈5〜10cm

春を告げてくれる、丈夫で育てやすい球根植物。松葉のような葉の間から、数輪のかわいい花を咲かせます。花色は鮮やかな黄色、紫、白、絞りなど。草丈が低いので、花壇の前面や寄せ植えに。

開花期 ②③

ムスカリ
耐寒性球根｜ヒアシンス科｜草丈5〜25cm

小さな粒状の花がブドウをさかさまにしたような穂となって咲きます。花色は青紫、水色、白、ピンクなど。まとめて植えると見ごたえがあります。水はけのよい場所を好みます。

開花期 ③④

アリウム
耐寒性球根｜ネギ（ユリ）科｜草丈15〜40cm

園芸的に魅力のあるネギの仲間で、小花が集まったボール状の花姿のものが一般的です。代表的なのが大型のギガンチュウムや小型のコワニー。花色は赤、黄、ピンク、紫、白など多彩です。

開花期 ⑤⑥

ラナンキュラス
半耐寒性球根｜キンポウゲ科｜草丈20〜80cm

花径5〜20cmのボリュームのある大きな花が、春に先駆けて咲きます。八重咲きのものが一般的ですが、半八重や花芯が見える品種もあります。日当たりを好みますが、高温多湿が苦手です。

開花期 ③④⑤

ダリア
半耐寒性球根｜キク科｜草丈20〜300cm

花色の多彩さに加え、ポンポン咲き、アネモネ咲きなど10種類以上の花形があります。花径も、小輪のものから花径30cmにもなる品種があります。肥料を切らさないようにし、支柱を立てて育てます。

開花期 ⑤⑥⑦⑧⑨⑩⑪

ユリ
耐寒性球根｜ユリ科｜草丈30〜200cm

日本に自生するスカシユリが基になった品種や、テッポウユリ、ヤマユリの血を引くものなど、多彩な品種があります。大型の品種は存在感があり、初夏〜夏のガーデンの主役となります。

開花期 ④⑤⑥⑦⑧

Part 1　場所別ガーデンデザインのコツ

スモールガーデン向きの小低木や、剪定でボリュームを調整しやすい木　大きくなりすぎない花木

アメリカテマリシモツケ
耐寒性落葉低木｜バラ科｜樹高40〜150cm

コデマリに似た花をたくさんつけ、育てやすいことから、近年注目されています。葉も美しく、銅葉や新芽が黄金色になる品種が人気です。

開花期　5・6
葉の観賞期　4・5・6・7・8・9・10・11

カシワバアジサイ
耐寒性落葉低木｜アジサイ科｜樹高100〜200cm

円錐型の大きな花穂は存在感があり、庭のシンボルになります。乾燥に弱いので、半日陰向き。葉に大きな切れ込みがあり、カシワの葉に似ていることから名づけられました。紅葉もきれいです。

開花期　6・7

アジサイ
耐寒性落葉低木｜アジサイ科｜樹高30〜200cm

日本原産種のアジサイやガクアジサイ、欧米で改良された西洋アジサイ（ハイドランジア）など、いくつかの系統があります。乾燥を嫌い、日なた〜半日陰の水はけのよい土地を好みます。

開花期　6・7・8

バラ
耐寒性落葉低木｜バラ科｜樹高30〜200cm

花の女王ともいうべき植物。古代から愛され続け、毎年、新しい品種が生まれます。木立ち性の系統の代表格が、大輪四季咲きのハイブリッドティーローズと中輪多花性のフロリバンダです。

開花期　5・6・7・8・9・10・11

ビバーナム・ティヌス
常緑低木｜スイカズラ科｜樹高60〜200cm

ガマズミの仲間で、別名はトキワガマズミ。蕾の時はピンクで、開花すると白い小花がかたまって咲きます。秋には美しい青紫色の実が楽しめます。丈夫で刈込みにも耐え、半日陰でも育ちます。

開花期　4・5・6

黄メギ
耐寒性落葉低木｜メギ科｜樹高30〜40cm

新芽は鮮やかな黄金葉が特徴で、晩夏になると淡緑色に。樹高が低く、コンパクトにまとまります。丈夫で育てやすく、半日陰に植えるとパッと明るくなります。

葉の観賞期　4・5・6・7・8・9・10・11

ラベンダー
半耐寒性常緑低木｜シソ科｜樹高30〜60cm

イングリッシュラベンダー、フレンチラベンダーなどいくつかの系統があります。高温多湿が苦手なので、風通しと日当たりがよい場所に植え、夏になる前に整枝も兼ねて切り戻しましょう。

開花期　4・5・6・7・8・9・10

コバノズイナ
耐寒性落葉低木｜ユキノシタ科｜樹高80〜100cm

よい香りのする白い花穂がぶら下がり、風情ある姿が人気。剪定で50cmほどに抑えることも可能です。半日陰でも育てることができ、秋には暖地でも見事に紅葉します。

開花期　5・6・7

半日陰になる場所

昨今の住宅事情では隣家が迫っている場合も多く、都市部ではとくに、一日中、日が差し込む庭はまれだといってもいいかもしれません。高い建物が隣にある場合もあれば、庭が狭くて、どうしても日陰になる場合もあるでしょう。

ひとことで日陰といっても、いろいろなタイプがあります。ガーデニングの世界でよく使われる「半日陰」は、午前中か午後に数時間だけ日が当たる場所。季節によって太陽の軌跡も違うため、時間帯など、条件は刻々と変化します。また木漏れ日が当たる落葉高木の下や、空が開けた北側の庭などの明るい日陰も、「半日陰」と呼びます。

半日陰の場所は、とにかく太陽が大好きな植物にとっては住みにくい場所かもしれませんが、土の乾燥を嫌う植物や夏の暑さが苦手な植物にとっては、むしろ好ましい環境です。直射日光がやや苦手な斑入り植物にとっても、半日陰は生育に適した場所といえます。

また、一日中ほとんど日が当たらないスペースや常緑樹の下も、工夫次第で美しい庭になります。たとえば京都の町屋の坪庭を想像してみてください。ほとんど日が差さないのに緑が美しく、石や灯籠などと調和し、癒しの空間となっています。要はどんな植物を選び、どういう空間を作るか、です。ギボウシやヒューケラなど葉を楽しむ植物は、半日陰〜日陰でも育ちやすいものが多くあります。またクリスマスローズやガーデンシクラメンのように、自然界においてももともと雑木林の下草だった植物は、半日陰が向いています。こうした半日陰〜日陰に強い植物をメインに、場合によっては雑貨などを取り入れて、それぞれの環境に合った、美しいガーデンを作ってみましょう。

半日陰のグラウンドカバーに向く黄金葉のルブスや斑入りのラミウム。

アジュガやタマリュウなどのグラウンドカバープランツや、ヒューケラやユーフォルビアを組み合わせた半日陰スペース。

葉色の違うギボウシや山アジサイで構成。大きな葉の存在感でダイナミックな雰囲気に。

半日陰のコーナーに作った花壇。鉢植えのバラ、メアリーローズを奥に置いたことでパッと明るい印象に。

ギボウシとタマリュウのやや寂しい場所が、スカビオサとペラルゴニウムの寄せ植えで華やかに。

通路脇に作った戸棚に、鮮やかな色のサフィニアでアクセントを。

Point 1

季節によって鉢を移動させる

半日陰のスペースはどうしても彩りが地味になり、華やかさが欠けがち。満開時の花の鉢を一時的に置くだけで、パッとあたりが明るくなります。花のピークが過ぎたら、よく日の当たるところに移動して管理すれば、弱ることもありません。花期の長い花の場合はあまり長期間置きっぱなしにせずに、たまに違う鉢と取り換えましょう。

Part 1 場所別ガーデンデザインのコツ

葉面が大きくインパクトがある大型ギボウシ。

葉色の違うヒューケラとギボウシの組み合わせ。

Point 2 半日陰に向く植物を選ぶ

直射日光が苦手な植物や、半日陰でも元気に育つ植物を選ぶと、失敗がありません。とくに葉が美しいギボウシやヒューケラは、ぜひ使いたい植物。葉だけではなく、花も魅力的です。またシダや山野草などを取り入れると、和のテイストが感じられるしっとりとした風情を演出できます。

木陰にアスチルベ、ミヤコワスレ、ヤマアジサイなど和のテイストの花を。

Point 3 背景や雑貨で空間を作る

背景や雑貨と組み合わせるなど、空間づくりの工夫をすることで、半日陰を明るい印象にすることも可能です。アイビーやアジサイなどありふれた植物も、見せ方次第でおしゃれに。木陰のベンチは、夏はくつろぎの場になります。

背景を作りアジサイ、アイビー、ゼラニウムなどを雑貨とともに。

ベンチを置いて光を受けやすくし、苗などをディスプレイ。

小さな庭で使いやすい植物

半日陰に強い植物
日照不足に負けず、シェードガーデンで活躍する丈夫な宿根草や花木

フウチソウ
耐寒性宿根草｜イネ科｜草丈20〜40cm
漢字で書くと風知草。その名の通り、風にそよぐ涼しげな姿が魅力。黄金葉や、斑入り、葉先が紅色の品種があります。直射日光に当たると葉焼けするので、半日陰の場所で育てます。乾燥は苦手。
葉の観賞期 4・5・6・7・8・9・10・11

ギボウシ
耐寒性宿根草｜リュウゼツラン(ユリ)科｜草丈20〜100cm
葉の美しさから欧米でも人気が高く、多くの品種が作出されています。直射日光に当たると葉焼けを起こすので、半日陰が向きます。
開花期 6・7
葉の観賞期 4・5・6・7・8・9・10

アジュガ
耐寒性宿根草｜シソ科｜草丈10〜20cm
斑入り葉、銅葉の品種があり、よく広がり日陰のグラウンドカバーとして活躍します。春に一面に花が咲く光景は見事。湿り気がある場所を好みます。
開花期 4・5
葉の観賞期 1・2・3・4・5・6・7・8・9・10・11・12

ミヤコワスレ
耐寒性宿根草｜キク科｜草丈30〜40cm
花径2〜4cmの一重の花は楚々としていますが、群生させると見事です。花色は紫、薄紫、ピンクのものがあります。1〜2年に1回、株分けをかねて秋に植え替えます。
開花期 3・4・5

エビネ
耐寒性宿根草｜ラン科｜草丈20〜40cm
根の形が海老の尻尾に似ていることが名前の由来。野生のものは茶色の花色のものが多いですが、最近の技術でさまざまな花色のものが生まれています。夏の西日に当てないようにしましょう。
開花期 4・5

シャクナゲ
耐寒性常緑低木｜ツツジ科｜樹高100〜400cm
日本や中国原産の品種と、ヨーロッパで改良された西洋シャクナゲに大別できます。高温が苦手なので、半日陰で育てます。根が空気を好むため、水はけのよい土を使い、やや高植えにします。
開花期 4・5

ヤブラン
耐寒性宿根草｜スズラン(ユリ)科｜草丈30〜40cm
細長い葉が密生し、秋に紫や白の穂状の花が咲きます。斑入り品種は、日陰を明るく見せます。春、新葉が展開する前に古い葉を刈り取りましょう。
開花期 8・9・10
葉の観賞期 1・2・3・4・5・6・7・8・9・10・11・12

ティアレア
耐寒性宿根草｜ユキノシタ科｜草丈40〜50cm
淡いピンクの花穂が優雅で、切れ込みのある葉はカラーリーフとしても利用できます。高温多湿が苦手なので風通しのよいところに植えます。
開花期 4・5
葉の観賞期 1・2・3・4・5・6・7・8・9・10・11・12

Part 1　場所別ガーデンデザインのコツ

育てる手間がかからず、他の植物を際立たせる働きもあります　**美しいカラーリーフ**

エゴポディウム
耐寒性宿根草｜セリ科｜草丈30〜60cm

別名斑入りイワミツバ。明るい緑の葉にクリーム色の斑が入り、さわやかな印象です。丈夫で育てやすい植物。日に当てると葉焼けするので、半日陰で育てます。初夏にセリ科特有の繊細な花が咲きます。

葉の観賞期　4・5・6・7・8・9・10

ヒューケラ
耐寒性宿根草｜ユキノシタ科｜草丈30〜80cm

ライムグリーン、銅葉、銀葉など葉色が豊富。半日陰向きで、春に咲く花も可憐です。株が古くなり茎が立ち上がったら、さし芽で更新します。

開花期　5・6
葉の観賞期　1・2・3・4・5・6・7・8・9・10・11・12

エリシマム・コッツウォールドゼム
耐寒性宿根草｜アブラナ科｜草丈15〜20cm

ブラウンから紫色に変化する花も魅力ですが、斑入り葉も観賞価値があり、寄せ植えやレイズドベッドの手前などに向いています。夏の暑さが苦手。

開花期　4・5・6
葉の観賞期　1・2・3・4・5・6・7・8・9・10・11・12

セリ・フラミンゴ
耐寒性多年草｜セリ科｜草丈20〜40cm

別名五色セリ。ピンクとクリーム色のカラフルな斑が入る品種で、とくに春は葉色が鮮やか。繁殖枝で広がって生育するので、半日陰のグラウンドカバーに向きます。初夏に小さな白花が咲きます。

葉の観賞期　1・2・3・4・5・6・7・8・9・10・11・12

リシマキア・リッシー
耐寒性宿根草｜サクラソウ科｜草丈10〜20cm

黄金葉に緑の斑が入り、鮮やかな色が半日陰を明るくします。グラウンドカバーやハンギング向き。花つきがよく、黄色の花がボール状に咲きます。

開花期　5・6
葉の観賞期　1・2・3・4・5・6・7・8・9・10・11・12

ニューサイラン
耐寒性宿根草｜リュウゼツラン科｜40〜200cm

ニュージーランド原産の植物で、鋭角的な葉形と葉色が魅力的。斑入りのものや銅葉のものなど、品種によって葉色が違います。枯れた葉は根元から切り取ります。

葉の観賞期　1・2・3・4・5・6・7・8・9・10・11・12

観賞用トウガラシ・ブラックパール
非耐寒性一年草｜ナス科｜草丈20〜40cm

観賞用トウガラシにはさまざまな葉色、実のものがありますが、これは黒葉の品種。紫色の花が咲き、実は黒紫から赤に変わります。つやつや光る実は、まさにブラックパールの名がぴったり。

葉の観賞期　6・7・8・9・10

紫キャベツ
耐寒性一年草｜アブラナ科｜20〜30cm

大きな葉面が美しい紫色のキャベツやケールの仲間は、花壇や寄せ植えなどにカラーリーフとしても活躍します。食用として売っている苗も、利用できます。

葉の観賞期　1・2・3・4・5・6・7・8・9・10・11・12

塀の内側に大きめのアーチを設置し、バラのナエマ、ヴィオレット、夢乙女とクレマチス・ナイトベールなどを誘引。塀の上のトレリスにもつるバラを誘引している。

フェンスや塀、壁

フェンスや塀などを利用してつる性植物を育てると、土の面積が少ない場所でも、立体的に花を楽しむことができます。とくにつる性のバラは、狭い場所でも華やかな空間を作れるため、立体的なガーデンづくりにはぜひ取り入れたいもの。毎年どんどん新しい品種が出ており、最近は病害虫に強い育てやすいものが増えています。

垂れ下がる性質の植物も、フェンスや塀などで活躍します。下垂性の植物を取り入れると空間に動きが生まれ、イキイキとします。

Point 1

つるバラや クレマチスを生かす

つるバラや半つる性のシュラブローズ、オールドローズなど、立体的に使えるバラはいろいろあります。枝の伸び方を確かめ、場所に合った品種を選びましょう。クレマチスを一緒に誘引する際は、強剪定タイプのクレマチスがおすすめ。

クレマチスとつるバラは相性抜群。

クレマチスは半日陰でも咲く品種が多い。

つるバラ・アイスバーグをフェンスに誘引。トゲが少ないのでフェンス向き。

右の写真の内側の様子。ブドウは2階まで伸ばし、夏はグリーンカーテンの役目も。

フェンスからパーゴラまでダイナミックに誘引。品種は春風、つるマリアカラス、ブラッシュランブラー、ピエール ド ロンサールなど。

Point 2 　上へと伸ばす

構造物を利用してつる性の植物を上へ伸ばすと、広い範囲をカバーすることができます。低い位置が日照不足でも、上へ伸ばすことで光を受けやすくなるという利点も。高い位置にバラを咲かせる場合は、うつむいて咲く品種を選ぶのがコツです。

下垂性のランタナをフェンスから垂らして、壁部分にアクセントを。

鉢植えにしたクレマチスとランタナを、外側に垂らして。フェンスにはつるバラも誘引。

Point 3 　植物を垂らす

無機的になりがちなコンクリート塀やモルタルの壁も、植物を垂らすことでイキイキとした空間に。フェンスなどの内側が狭かったり土がない場合は、コンテナで下垂性の植物を育てて外に垂らせば、限られた場所を有効に使うことができます。

小さな庭で使いやすい植物

空間を立体的に彩る植物
つる性や下垂性の植物は、フェンスや狭い空間で活躍します

カロライナジャスミン
半耐寒性常緑つる性低木｜ゲルセミウム科｜つる4〜8m
春にラッパ状の黄色い花が、株を埋め尽くすようにして咲きます。伸長力が強く、1年で2〜3m伸びます。花後は込み合ったつるをほぐし、適宜剪定して、風通しをよくしましょう。
開花期 ③④⑤⑥

つる性のバラ
耐寒性落葉低木｜バラ科｜つる60cm〜3m以上
フェンスや壁面を華やかに飾るつる性のバラ。いわゆるつるバラのほか、オールドローズやシュラブローズでよく伸びる品種もつるバラとして扱えます。ミニチュアローズのつるタイプもあります。
開花期 ⑤⑥⑦⑧⑨⑩⑪

クレマチス
耐寒性つる性宿根草｜キンポウゲ科｜つる30cm〜3m以上
前年に伸びた枝に花が咲くタイプ、春になって伸びた枝に咲くタイプ、両者の性質を併せ持つタイプがあり、花期もいろいろ。花径約3cmのベル型の小花から、花径20cmになる大輪品種まであります。
開花期 ③④⑤⑥⑦⑧⑨⑩

ハゴロモジャスミン
常緑つる性低木｜モクセイ科｜つる1〜3m
筒状の花は白色で、外側が薄いピンク。春に株全体が小花に覆われ、よい香りがします。フェンスやトレリスなどに誘引するほか、鉢植えで行燈仕立てにしてもよいでしょう。
開花期 ③④

ランタナ
半耐寒性常緑低木｜クマツヅラ科｜草丈20〜2m
小さな花がまとまって咲き、夏も元気に花をつけます。しなやかな枝が伸びるほふく性の品種は、コンテナに植えてフェンスの内側から外側に垂らすなど、立体的な使い方ができます。
開花期 ⑤⑥⑦⑧⑨⑩⑪

ツルニチニチソウ
耐寒性つる性宿根草｜キョウチクトウ科｜つる40cm〜1m
別名ツルギキョウ。斑入り葉のものが一般的。つるがよく伸びるので、植えますの前面から垂らしたリハンギングなどで活躍。日陰でもよく成長し、グラウンドカバーにも使えます。
開花期 ④⑤

ツルハナナス
常緑つる性低木｜ナス科｜つる2m以上
白や紫の花が房になって咲き、風に揺れる様が可憐。寒冷地以外ではフェンスやパーゴラに誘引ができます。斑入り葉の品種は半日陰を明るくします。込み合ったつるは春か花後に切りましょう。
開花期 ⑤⑥⑦⑧⑨⑩⑪

Part 2

すぐに始められる
ガーデン
テクニック

Lesson 1 手間をかけない花壇ローテーション

パッと人目につく場所にある花壇は、1年中花が絶えないようにしたいもの。かといって、あまり手間がかかるようでは、途中で息切れしかねません。そこでご紹介したいのが、年に2回植え替えするだけで1年中華やかさを保つことができる花壇テクニックです。ポイントは、花が多い一年草ばかりで構成せずに、宿根草、一、二年草、球根植物、小低木をうまく組み合わせること。そして、晩秋から花壇を作り始めることの2点です。

秋になると、翌年咲く宿根草の苗が出回り始めます。小さい苗を秋のうちに植えつけておくと、冬の間にしっかりと根を張り、翌年大きく育ってたくさんの花を咲かせます。しかも秋は、球根の植え時。秋から翌年春まで花をつける一年草のパンジーやビオラを植えておけば、冬の間も寂しくなりません。

晩秋 | 植えつけ

10月末〜11月が植えつけ適期。時期が遅れると、根が張らないうちに霜や霜柱によって害を受けることもあります。宿根草の苗、パンジー、ビオラの苗などは10月半ばくらいから出回ります。チューリップの球根は、人気品種は早く売れてしまう場合もあるので、早めに入手しておきましょう。

春

秋から咲き続けたパンジーやビオラは、春になるとぐっと株が大きくなり、華やかになります。また球根植物が咲くと、一気に春爛漫に。カラーリーフ類も大きく育ち、色彩が賑やかになります。

Part 2　すぐに始められるガーデンテクニック

初夏

オルラヤやギリア・レプタンサ、バーバスカム、ジギタリスなど、背の高い一年草や宿根草が満開に。初夏に開花する白やブルーの花を多めに植えておくと、爽やかな印象になります。

夏〜秋

7月初旬に植え替えを。夏らしい花色を意識し、暑さに強い植物を選び、夏を乗り切ります。ペンタスやサルビアなど花期の長い植物は、次の植え替え時の11月まで花が咲き続けます。

晩秋からの花壇づくり

秋に売り出された宿根草の苗を見て、こんなに小さい苗で大丈夫なのかと心配する方もいるようですが、実は小さいうちに植えつけるのがコツ。ひと冬かけてじっくり根を張るので、春に苗を買うより立派な株に育つことが多いのです。成長した時の草丈をあらかじめ調べておき、品種を選びましょう。オルラヤやギリア・レプタンサなど、翌年に咲く秋まき一年草も、この時期、苗で入手することができます。

植物を選ぶ際は、最初からボリュームのある宿根草や小低木、翌年大きく育つ宿根草や一、二年草、すぐ花が楽しめる一年草、翌年の春に咲く球根植物を、バランスよく組み合わせるのがポイント。どこに何を植えるか、実際に育った時の様子を思い描きながら、簡単な図を描いておきます。

植えつけは、花壇の後ろに背の高い植物、手前に背の低い植物を持ってくるのが原則。隣り合う植物の葉色や花色のコントラストを考え、配置を決めましょう。レイズドベッドなどで高さがある場合は、手前の縁に下垂性の植物を配すると見映えがよくなります。苗の合間に球根を仕込んでおけば、春、華やかになります。

そろえる資材

バーク堆肥
樹木の皮を発酵させた土壌改良剤。土がふかふかになる。

マグァンプk
植物に必要な成分がバランスよく入っている元肥向きの化学肥料。

堆肥
有機物を微生物によって完全に分解した肥料。元肥になる。

赤玉土
粒状の赤土。排水性、保水性、通気性、保肥性に優れている。

どこに何を植えるか、あらかじめ図に描いておくように。花色や葉色、草丈を考えて、配置を決める。

植えつけのテクニック

テクニック1 黄色くなった葉は落としておく

植えつける際、黄色くなった葉や枯れた葉は丁寧に切り取りましょう。また、花苗は花がらがついたままの場合は取ってから植えるようにします。

テクニック2 根がまわっている場合はカットする

ポットに根がまわり硬くなっている時は、下4分の1くらいをカットしてから植えつけます。逆に根の張りが十分ではない場合は、根鉢を崩さずに。

テクニック3 球根は向きをそろえて

チューリップの球根には向きがあります。葉が出る方向は写真の上と下。写真の左側にあたるふくらんだほうを手前にして向きをそろえて植えると、花がそろいます。

Part 2　すぐに始められるガーデンテクニック

花壇づくりの手順

3 元肥となるマグァンプKを適量まいてから、スコップでよく混ぜます。混ぜることで空気が入るので、天地を返すイメージで十分に混ぜましょう。

2 赤玉土を適量まきます。赤玉土は、大粒、中粒、小粒の3種類ありますが、花壇で使う場合は中粒が適しています。土の状態に合わせて量を加減してください。

1 まず花壇の土づくりから始めましょう。よく耕した花壇に、堆肥をまきます。分量は堆肥の袋に書かれている説明を参考に、土の条件に合わせて加減してください。

6 奥のほうから穴を掘り、植えつけます。植えたら両側から土を寄せ、株元を軽く抑え、苗を土になじませるように。苗が終わったら球根の3倍くらいの深さの穴を掘り植えます。

5 並べ終わったらバランスを見て、位置を調整しましょう。あいた隙間に球根も並べてみます。球根はパラパラ散らすと自然な感じになります。手前にムスカリなどの球根を。

4 あらかじめ描いておいた図を見ながら、ポット苗をまずはポットごと花壇に並べてみます。ボリュームのある植物、背丈の高い植物は後方に。

植えつけ完了

7 植え終わったら、バーク堆肥を表面にまいていきます。マルチング効果で、霜などから植えたばかりの苗を守ります。また徐々に堆肥としての効果も発揮します。

11月

葉や穂を楽しむ宿根草
⑪ ミスキャンタス
⑫ ヒューケラ・アメジストミスト
⑬ フェスツカ・グラウカ
⑭ カレックス
⑮ ホスタ・フレグランスドリーム
⑯ ヒューケラ・アンバーウェーブ
⑤ ヒューケラ・ストップライト
⑥ ホルデューム・ジュバタム
⑦ ヒエラキウム
⑧ ツルニチニチソウ
⑨ アサギリソウ
⑩ リュウノヒゲ・銀竜

最初からボリュームのある宿根草
❶ ユーフォルビア・ウールフェニー
❷ ユーフォルビア・アミグダロイデス プルプレア
❸ クリスマスローズ
❹ ニューサイラン

⑩ リュウノヒゲ・銀竜　⑨ アサギリソウ　⑦ ヒエラキウム　❷ ユーフォルビア・アミグダロイデス プルプレア　❶ ユーフォルビア・ウールフェニー

⑬ フェスツカ・グラウカ　⑫ ヒューケラ・アメジストミスト　⑪ ミスキャンタス　❹ ニューサイラン　❸ クリスマスローズ

植えた植物

植えつけ直後から花を楽しめるように、開花株と翌年咲く植物の両方を選んであります。とくにカレンデュラ、パンジー、ビオラは花期が長く、約半年間、花が咲き続けます。開花株を植える際、暖色の花を入れると、冬も寂しくなりません。また色と葉形の違うカラーリーフをところどころに入れ、アクセントに。プラチナラベンダーは面で、ニューサイランは線で空間にメリハリをつけます。

Part 2 すぐに始められるガーデンテクニック

翌年大きく育つ一、二年草
- ㉛ オルラヤ
- ㉜ ギリア・レプタンサ
- ㉝ セントーレア・ブラックボール
- ㉞ ジギタリス

㉞ ジギタリス 　㉜ ギリア・レプタンサ

2m　85cm　2.1m

■ 宿根草　■ 小低木　■ 一、二年草　● 球根

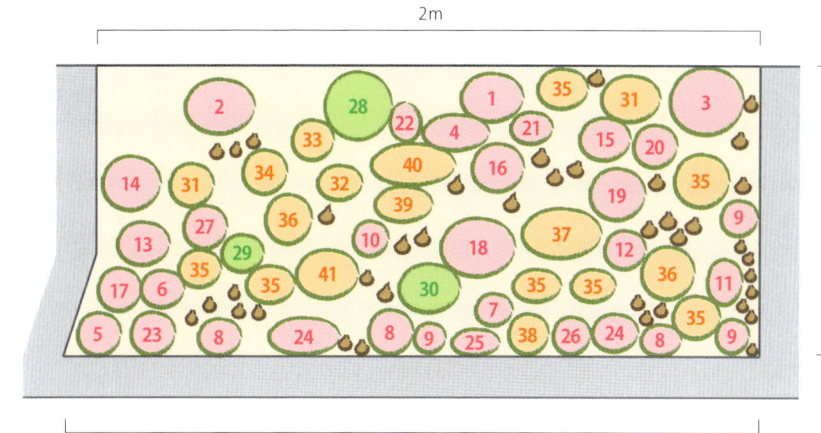

球根植物
- チューリップ
- 原種チューリップ
- クロッカス
- ムスカリ

華やかな一年草
- ㊴ ダイアンサス
- ㊵ キンギョソウ
- ㊶ プリムラ・ジュリアン
- ㉟ ビオラ
- ㊱ パンジー
- ㊲ カレンデュラ
- ㊳ アスペルラ・オリエンタリス

小低木
- ㉘ プラチナラベンダー・シルバーアヌーク
- ㉙ シモツケ 
- ㉚ シルバータイム 

翌年大きく育つ宿根草
- ⑰ 西洋オダマキ
- ⑱ アリッサム・スノープリンセス
- ⑲ ベルケア・パープレア
- ⑳ アンチューサ・アズレア
- ㉑ バーバスカム・サザンチャーム
- ㉒ カンパニュラ・ラプンクロイデス

背の低い宿根草
- ㉓ 宿根イベリス
- ㉔ アジュガ
- ㉕ ベロニカ・オックスフォードブルー
- ㉖ アリッサム・モンタナム
- ㉗ ティアレア・ウィリー

㉟ ビオラ　㉘ プラチナラベンダー・シルバーアヌーク

㊳ アスペルラ・オリエンタリス　㊲ カレンデュラ　㊱ パンジー　㉙ シモツケ　㉓ 宿根イベリス 　⑱ アリッサム・スノープリンセス

㊶ プリムラ・ジュリアン　㊵ キンギョソウ　㊴ ダイアンサス　㉚ シルバータイム　㉖ アリッサム・モンタナム 　㉔ アジュガ

季節による移り変わり

2月～3月

春の日差しが注ぐようになると秋に植えた苗はぐんぐん育ち、さまざまな花が咲き、花壇は一気に華やぎます。この時期、植物は水を欲しがります。水切れしないように注意しましょう。

パンジーやビオラの株が大きく

冬の間もちらほら咲いていたパンジーやビオラ。日差しが温かくなってくると、ぐんぐん株が大きく育っていき、花数が増えて株が花で覆われます。

クロッカスが咲き始める

2月中旬から、クロッカスやチューリップが芽を出し始めます。そして3月中旬にはクロッカスが満開に。黄色の品種は、とくに春の訪れを感じさせます。

ベロニカ・オックスフォードブルー 　　宿根イベリス 　　カレンデュラ

満開の花が春を呼ぶ

手前のほうにグラウンドカバー風に植えた小花が満開に。ビオラやパンジーとの相性が抜群です。またカレンデュラは大きな花を次々とつけます。

Part 2 すぐに始められるガーデンテクニック

4月

球根植物は季節の使者。クロッカスから始まり、原種チューリップ、ムスカリと続き、チューリップが咲き始めると、まさに春爛漫。ふわふわとした小花も咲きそろい、1年でもっとも華やかな季節の始まりです。

宿根草が花をつける

アリッサム・モンタナムやティアレア・ウィリーなど小型の宿根草が、次々と花を咲かせます。またアリッサム・スノープリンセスも株がどんどん大きく育ち開花します。

ティアレア・ウィリー
アリッサム・モンタナム

チューリップが次々と

チューリップの開花期間は10日間ほどですが、早生種から晩生種まで花期の違う品種を植えることで、1ヶ月以上チューリップを楽しむことができます。

カフェノアール

咲き進むと色が濃くなるフィノーラ

原種チューリップ・ティティーズスター
原種チューリップ・リトルビューティー 

球根植物が愛らしく

3月末あたりからムスカリ、原種チューリップなど小さい球根植物が咲き始めます。ほかの植物の葉陰や、ビオラの合い間から顔を出す様が可憐。

5月〜6月

この時期、草丈の高い植物が開花期を迎えます。そろそろ汗ばむ日もある頃。花穂が風に揺れる様が、爽やかです。梅雨を前に、伸びすぎた植物は切り戻しを。なるべく風通しよく育てましょう。

背の高い植物が開花

オルラヤやジギタリス、ギリア、セントーレアなど花穂状になる草丈の高い宿根草や一、二年草が、開花期を迎えます。

カンパニュラ・ラプンクロイデス

ギリア・レプタンサブルー

西洋オダマキ・ノラバロー

アンチューサ・アズレア

ジギタリス・アプリコットとオルラヤ

ホルデューム・ジュバタム

アスペルラ・オリエンタリス

ふわふわの穂や花が涼しげ

穂を楽しむ植物や、かわいらしい小花が次々と咲き、ふわふわ、そよそよ。爽やかな風情をかもしだしてくれます。

Part 2 すぐに始められるガーデンテクニック

7月〜10月

春〜初夏の花が終わり、植え替えの季節です。一年草を抜いた後に、新しい植物を植えましょう。秋まで花が楽しめる花期の長い植物を中心に、夏の高温多湿を乗り切れるようなるべく丈夫な植物を選びましょう。

新たに植えた植物

その他

アゲラータム

ペチュニア

サルビア

ペンタス

オレンジ色だけでは単調になるので、白、紫、ピンク系の花を少し加えて。空間を引き締めるために、カラーリーフの黒葉のトウガラシも新たに植えました。

観賞用トウガラシ・ブラックパール

ビタミンカラー

エキナセア

ガイラルディア

ルドベキア

コレオプシス

オレンジ系の花色は、夏の日差しにぴったり。強い光に映え、見ているだけで元気が出ます。いずれもキク科の丈夫な植物で、花期が長く秋まで咲いてくれるのも特徴です。

ジニア

年間の管理

花がら摘み
咲き終わった花は、園芸バサミか指で、なるべく早く摘むようにしましょう。花がらを残しておくと、種を作るためにエネルギーを消費してしまい、株が早く弱ります。花穂の状態で咲くものは、咲き終わったら穂の根元で切るようにします。

切り戻し
アリッサムやキンギョソウ、ネメシア、ペチュニアなど花穂状に咲く植物やどんどん茎が伸びる植物は、株姿が間延びしたら適宜切り戻すようにしましょう。切ったところから新しい芽が出ます。葉の根元に小さな芽が出ているのを確かめ、その上で切るのが原則。梅雨前や酷暑期は、ムレを防ぐため、しっかり切り戻すようにしましょう。

花後の球根
チューリップは原則として1年しか楽しめないので、咲き終わったら抜いてしまいます。ムスカリやクロッカス、原種チューリップは、植えっぱなしでも翌年咲きます。ただし植え替えの際、球根を傷つけてしまうことがあるので、また秋に植え足したほうがよいでしょう。

風通しの確保
梅雨時から夏にかけてはとくに、風通しをよくすることが大事です。梅雨前に、下のほうの黄色くなった葉や、伸びすぎた茎や枝、内側の枝などを整理し、なるべく風通しをよくしましょう。

支柱を立てる
セントレア・ブラックボールなど背が高く倒れやすい植物は、ある程度の高さになったら支柱をします。市販の小さなオベリスク状のものを使うか、木の枝などを利用してもかまいません。

水やり
植えつけ直後は、表面が乾いたらしっかり水やりをしましょう。根が張ってからは、夏以外は基本的にお天気まかせで大丈夫ですが、雨が少ない場合は水やりをします。水やりの際は、できるだけ株元にやるようにすると泥ハネしません。

追肥
次々と花を咲かせる一年草は、肥料を欲しがります。水やりの際、定期的に液肥を追肥としてやります。使う肥料の種類によって頻度や希釈が違うので、よく注意書きを読んでから使うようにしましょう。

一年草の整理
5月に入ると、パンジーやビオラの草姿が乱れてきます。一年草は花期が終わりに近づいたら、抜いてしまいましょう。抜いたあとの穴に残った根も、なるべく取り除くようにします。一年草が植わっていた場所は、地味が消耗しています。次の花を植えるまでの間、新しい土や堆肥などを入れておくとよいでしょう。

植え替え
7月初旬に、一年草を中心に夏〜秋花に植え替えます。すでに一年草は抜いてあるので、空いているところに新しい植物を植え、ついでに伸びすぎた枝などを切り戻しましょう。

Part 2　すぐに始められるガーデンテクニック

主な花の開花カレンダー

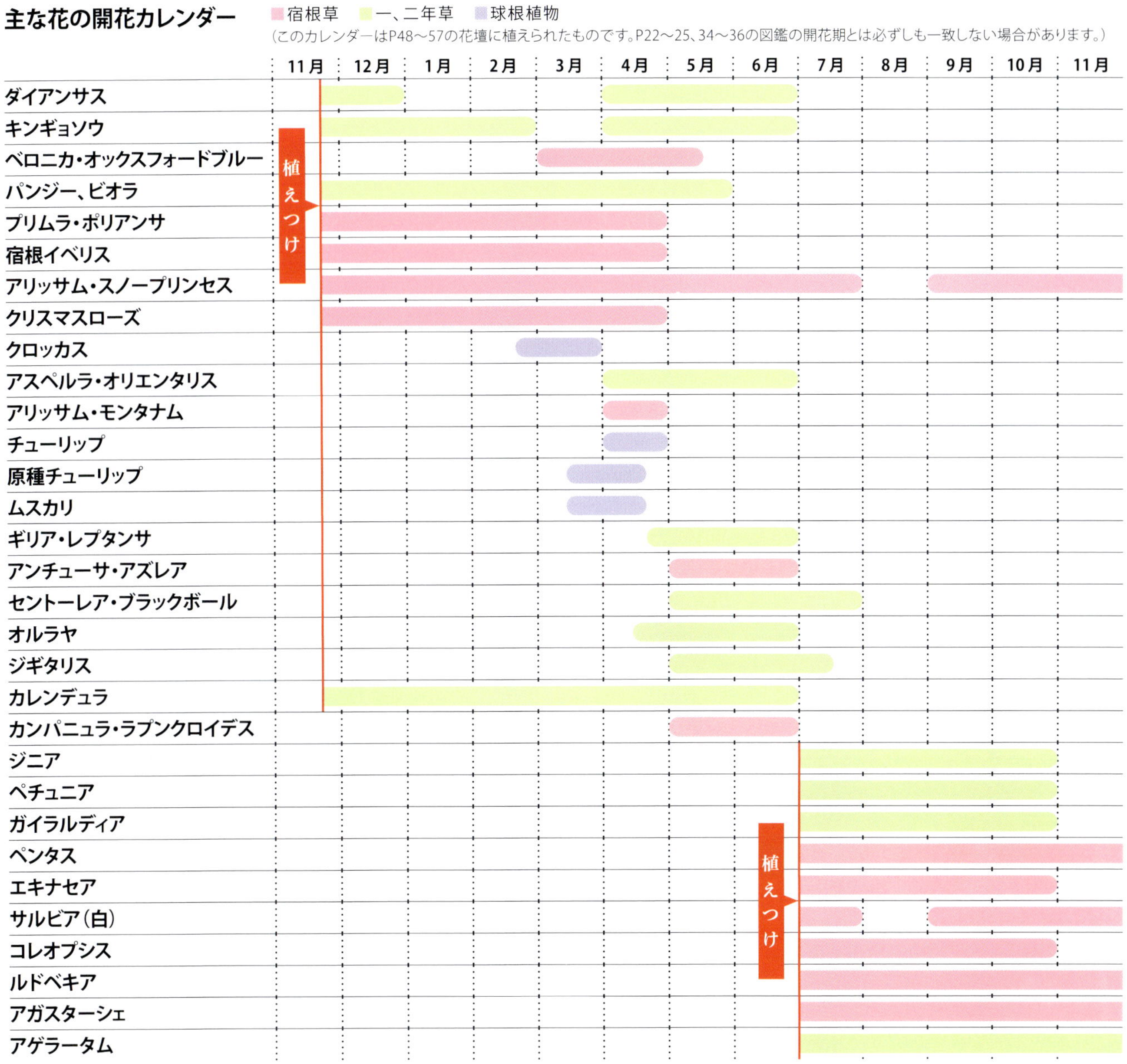

■ 宿根草　■ 一、二年草　■ 球根植物
（このカレンダーはP48〜57の花壇に植えられたものです。P22〜25、34〜36の図鑑の開花期とは必ずしも一致しない場合があります。）

品種	11月	12月	1月	2月	3月	4月	5月	6月	7月	8月	9月	10月	11月
ダイアンサス		■	■			■	■	■					
キンギョソウ		■	■	■	■	■	■	■					
ベロニカ・オックスフォードブルー					■	■	■						
パンジー、ビオラ		■	■	■	■	■	■						
プリムラ・ポリアンサ		■	■	■	■	■	■						
宿根イベリス		■	■	■	■	■	■						
アリッサム・スノープリンセス		■	■	■	■	■	■	■	■		■	■	■
クリスマスローズ		■	■	■	■	■	■						
クロッカス					■								
アスペルラ・オリエンタリス							■	■					
アリッサム・モンタナム						■							
チューリップ					■	■							
原種チューリップ					■	■							
ムスカリ					■								
ギリア・レプタンサ						■	■						
アンチューサ・アズレア							■	■					
セントーレア・ブラックボール						■	■	■					
オルラヤ						■	■						
ジギタリス							■	■	■				
カレンデュラ		■	■	■	■	■	■	■					
カンパニュラ・ラプンクロイデス							■	■					
ジニア									■	■	■	■	
ペチュニア									■	■	■	■	
ガイラルディア									■	■	■	■	
ペンタス									■	■	■	■	■
エキナセア									■	■	■	■	
サルビア（白）									■		■	■	■
コレオプシス									■	■	■	■	
ルドベキア									■	■	■	■	■
アガスターシェ									■	■	■	■	■
アゲラータム									■	■	■	■	

※11月に「植えつけ」、7月に「植えつけ」の表示あり。

秋の株分け、植えつけ

1年間のサイクルが終わる11月、翌年の準備をします。宿根草は2〜3年は植えっぱなしでも大丈夫ですが、1年間の様子を見て、場所を移したほうがよさそうなものは移植を。また2〜3年に1度くらいは宿根草の株分けをし、株の老化を防ぎましょう。翌年の春はどんな花壇にするかを想像をしながら、新たに何を植えるかを考え、苗や球根を購入します。

株分けの方法

掘り起こした苗はいくつかの株が連結しているので、連結がぐらぐら動くところを目安に、清潔なハサミで切り分けます。

手で引っ張り、株を分けます。1芽を1単位にしてしまうと弱るので、2〜3芽で1単位が目安。

Lesson 2 小道を生かした庭づくり

庭の重要な構成要素に、「小道」があります。どこにどんな小道を作るのか。場所や小道の形、材質によって、庭のイメージが大きく変わってきます。

小道を作る際は、家屋から直接小道に出られるようにするのか、植え替えなどの作業がしやすいかなど、庭での過ごし方や動線を考慮しましょう。花壇の奥行きが深い場合は、小道から少し離れた花壇のなかに島のようなスペースを設けると、園芸作業がしやすくなります。

小道を作る際は、できれば簡単な庭の見取り図を描き、今ある樹木などに小道を描いてみたうえで、小道をプランニングしてみましょう。見取り図を描き入れてみると、庭全体を客観的に把握することができます。

材料は、木、石、レンガなどさまざまです。枕木はナチュラルな印象を与えますし、表面に凹凸のある四角い切石を使えばヨーロッパの庭園風の雰囲気を演出できます。また複数の材質を組み合わせると単調にならず、オリジナルなイメージを生むことができます。

レンガなどを敷く場合は、レンガの大きさの穴を掘り、底に当たる部分を板などできれいに平らにすることが大事です。それでもぐらつく場合は、セメントを使って固定しましょう。

うちの庭は小さいから、小道の分のスペースがもったいないと思う方もいるかもしれませんが、ぎっしり植物を植えるより小道を作ることで、逆に間を広く感じさせることができます。たとえば左ページの写真の庭は幅がたった1.45mしかありませんが、小道を設けたことで実際より広々とした印象を与えます。ゆるやかに曲がるS字型の小道は遠近感を強調するので、奥行き感を生む効果があります。レンガなどを少しずつずらしていけば、曲線の小道を作ることはそう難しくはありません。

花壇の中に島のような小道を作ると園芸作業がしやすくなる。

ナチュラルな森の小道をイメージ。レンガを2枚ずつ使い、飛び石風に。

グラウンドカバーやカラーリーフを引き立てる乱張り石と木の小道。

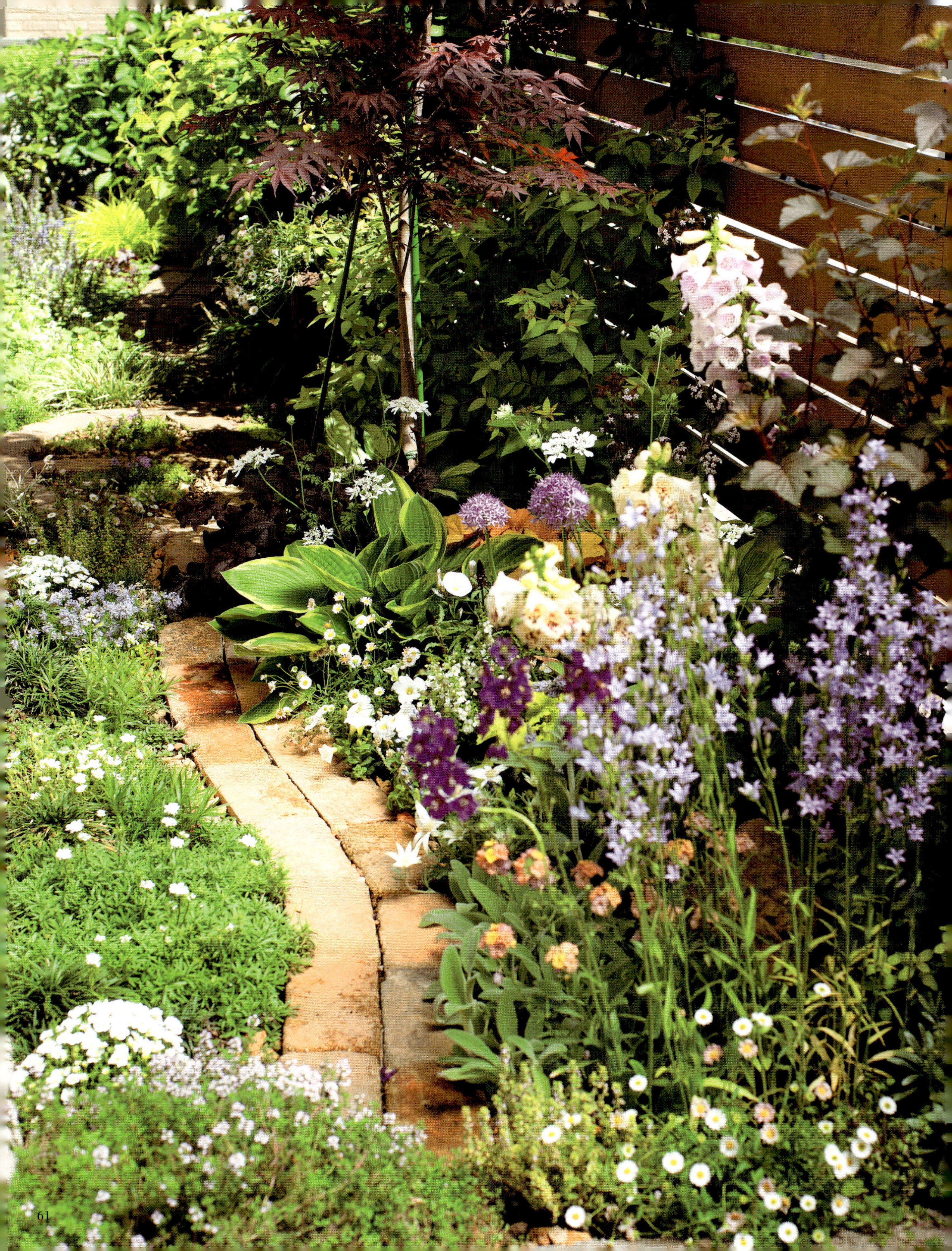

小道の庭ができるまで

61ページの小道の庭は作ってから1年経っています。庭はかなり細長く、北側は半日陰です。どうやって小道の庭ができていき、どのように変化していったか。参考にしてみてください。

施工・植えつけ前

細長いスペースをどう生かすか

塀と家屋にはさまれた幅の狭い庭を、いかに広く見せるかがテーマ。日照が不足しがちな北側を美しく保つことも課題です。

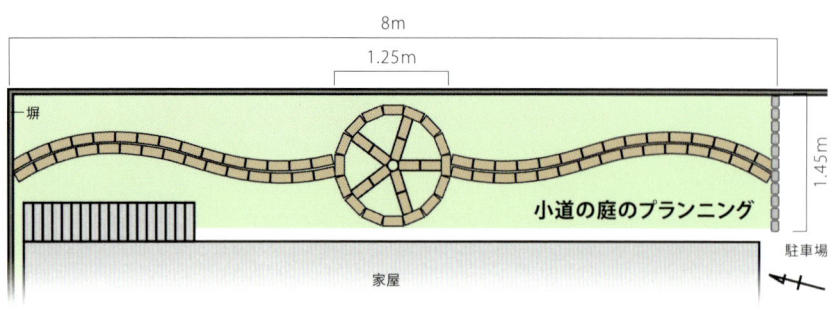

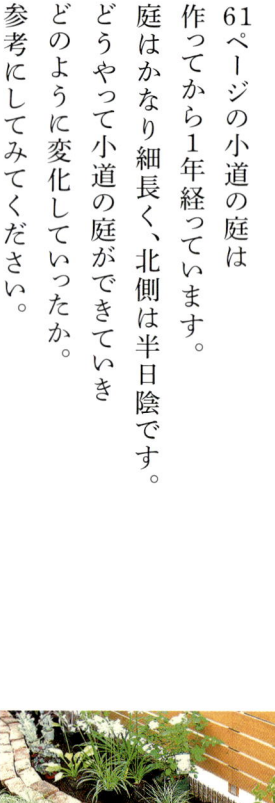

8m
1.25m
1.45m
塀
小道の庭のプランニング
駐車場
家屋

3 サークルの内側にリュウノヒゲ・白竜、イワダレソウなどを植え、隙間をレンガチップで埋めます。セダム類は、ちぎってまいているだけです。

2 レンガを地面に置いた状態で、培養土をレンガの高さまで入れる方法を取っています。サークル部分はモルタルで下地を作ってその上に並べています。

1 プランニングに沿って、レンガと主要な植物をポットのまま配置してみます。時々離れたところから見てみて、全体のバランスを確認しましょう。

6 隣り合う植物の葉色の違いを意識して、植物を配置。すぐに花を楽しめるものも植え、アクセントになる小物を置きました。

5 北側から見た様子。半日陰になる家屋寄りの部分には、アジュガやフウチソウなど、半日陰でも元気に育ってくれる植物を植えています。

4 小道を挟んで家屋に近い部分にはグラウンドカバープランツを、塀側には小低木や背が高くなる宿根草などボリュームのある植物を植えていきます。

1年後の変化

半日陰部分にグラウンドカバーが広がる

北側の部分では、半日陰に強いアジュガが大きく広がりました。花が群生している様が見事。ユーフォルビアやヒューケラなどほかの植物も、すっかり庭に馴染んでいます。

セダムも落ち着きサークルに風合いが

サークル内のセダムやサークルのまわりの植物も、かなり増えています。セダムが増えすぎると隙間がなくなるので、抜いて別の場所で使うようにしています。

カラーリーフが育ち自然な趣きに

ギボウシやヒューケラが大きく育ちました。日照不足で枯れた植物もあるので、ジギタリスやリシマキア・ボジョレー、アリウムなどを植え足しました。

小道の庭のガーデンテクニック

テクニック2
手前にあえて背の高い植物を植える

駐車場側から庭を見た時、遠近感が強調されてより奥行きが感じられるよう、入口にあえて草丈の高い宿根草を植えています。花穂状になり透け感がある植物を選び、色も爽やかなので、背が高くても圧迫感がありません。花を透かして小道が見えるように考えられています。

北側から駐車場方面を見た様子。グラウンドカバーの中に植えられた手前のフウチソウがアクセントに。

庭の入口近くに植えられたカンパニュラ・涼姫とバーバスカム・ビオレッタ。

テクニック1
道をカーブさせて遠近感を作る

小道をゆるやかなS字型にしたことで、奥行き感が生まれます。レンガを縦に並べて使い、遠近感をより強調。塀に近い部分には背の高い植物を、家側にはグラウンドカバーを中心に草丈の低い植物を植え、空間が立体的に見えるようにしています。

テクニック3
アンティークレンガとグラウンドカバーでポイントを

フォーカルポイントのサークルはレンガで放射状に区切り、隙間を同系色のレンガチップで埋めています。サークルのなかや近くには、多肉植物やセダム、クリーピングタイムなど、レンガの色との対比を意識したグラウンドカバーを選んであります。

リュウノヒゲ・白竜とエリゲロン・カルビンスキアヌス。

サークルの中心部分には多肉植物の白牡丹を。もこもこした感じが面白い。

ピンクの花が咲くクリーピングタイムと、セダムの細葉マンネングサ。

64

Part 2 すぐに始められるガーデンテクニック

黄金葉が美しいアメリカテマリシモツケ・ダーツゴールド。

鮮やかな葉色と涼しげな姿が魅力的なフウチソウ。

カラーリーフを活用 （テクニック4）

庭の幅が狭く、塀と建物に囲まれているため、決して日照には恵まれていません。半日陰でも育つカラーリーフ類や、空間を明るくしてくれる黄金葉の植物を取り入れ、花が少ない季節も寂しくならないようにしています。アメリカテマリシモツケやギボウシ、ヒューケラは、花も魅力的です。

ヒューケラ・オブシディアン、ヒューケラ・キャラメル、ギボウシ・ビッグダディなど。

グラウンドカバーを生かす （テクニック5）

部屋から直接庭に出る時に邪魔にならないよう、小道をはさんで家屋側の部分はさまざまなグラウンドカバーで構成。半日陰には斑入り葉の植物や半日陰向きの品種を植え、日照が確保できる部分は花が美しいものを多めにしています。いずれも丈夫な品種なので、すぐに株が大きく育ちます。

小道の左手の手前からクリーピングタイム、アレナリア・モンタナ、宿根イベリス。

ゴールデンタイム、アレナリア・モンタナ、アスペルラ・オリエンタリスなど。

いろいろな小道

小道を作る際は、どんな素材を使うかまた素材どうしをどう組み合わせるかによって雰囲気がまったく変わってきます。庭全体をどういうテイストにしたいのか。小道のまわりに植える植物との相性を考慮して素材や植物との組み合わせを考えてみましょう。

乱張り石＋枕木＋レンガ

インパクトのある乱張り石と、優しいイメージの木のコントラストが印象的。さまざまな素材を組み合わせることで、視覚的に面白い効果が生まれます。

枕木

ナチュラルな雰囲気で人気の高い枕木。中古と新品のものがあり、木のわりには耐久性に優れています。縦に並べるのと横に並べるのでは、かなり印象が違います。

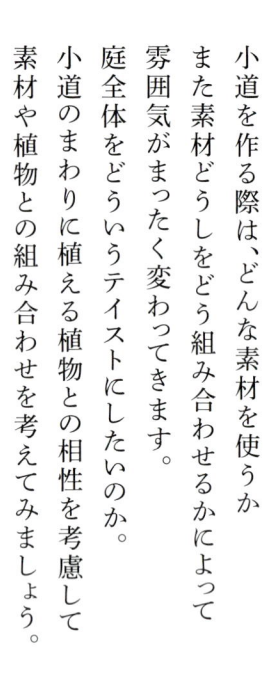

くるみの殻

マルチング材として人気が高いくるみの殻は、小道の材料にもなります。踏み心地もよく、ナチュラルでおしゃれな雰囲気を演出できます。踏むとカラカラ音が鳴るので防犯効果もあります。

小石

小石を使った小道は使う石の色や大きさ、形状により、雰囲気がかなり変わります。写真の例では自己主張の少ないグレーの小粒の石が、グリーンを引き立てています。

小石＋枕木

小石の間にところどころに枕木を入れることで、リズム感が生まれます。石の色を変えたり、レンガチップにすると、またまったく違った雰囲気になります。

主な小道の材料

レンガ
海外から輸入されるアンティークレンガ、アンティークを模したものなど、さまざまな種類があります。最近は国産のものもバリエーションが豊富です。

乱張り石
自然の石を不定形に薄く切り出したもの。小道に使うほか、テラスの床材などにも向いています。方形に切った石材も、小道で使えます。

木
枕木やデザインに合わせて切り出した板は、ナチュラルな雰囲気の小道にぴったり。レンガや石などほかの素材とも合わせやすいのが特徴です。

小石
さまざまな色、大きさのものがあり、人工的に小さく砕いたものなど、種類によってかなり印象が違います。踏むと足音がするので防犯用にも役立ちます。

レンガ
レンガで小道を作る場合、どんな色でどんな質感のものを使うか、また縦に並べるか横に並べるかで印象がかなり違ってきます。イメージに合わせて選んでみましょう。

レンガ＋小石
「平二丁」と呼ばれる通常の2倍サイズのレンガを飛び石のように使った例。間にレンガチップを敷き、わざとバラバラに並べてリズム感を出しています。

和瓦＋切り石
古い和瓦を側面が出るようにして埋め、切石と組み合わせた例。埋め方でさまざまなデザインの可能性があり、和風でありながらモダンな雰囲気を演出できます。

連続的に素材を変えて
小道の素材を連続的に変えていくと、単調にならず、リズムが生まれます。段差をつけたり素材に合わせて植える植物も変えることで、視覚的な展開がドラマチックになります。

グラウンドカバーの使い方

地面を覆うために植える背の低い植物やほふく性の植物を、グラウンドカバープランツ、略してグラウンドカバーと呼びます。一般的にグラウンドカバーに向く植物は、丈夫で繁殖力も旺盛で、多少踏まれても大丈夫なものも少なくありません。

グラウンドカバーには、「地面の乾燥を防ぐ」「雑草が生えてくるのを防ぐ」という機能的な役割があります。樹木や宿根草の根元などにグラウンドカバーを植えると、ホコリ防止にもなるし、真夏も土が乾きにくくなります。

空間を作るうえでも、グラウンドカバーは欠かせません。花壇の縁など、足元にさまざまな色合いの緑や小花を植えることで空間がより立体的になり、ぐっと見映えがよくなります。レイズドベッドや植えますも、背景に背の高い植物、その前に背の低い植物、そして一番手前にグラウンドカバーを植えるのが原則です。

グラウンドカバーの多くは、寄せ植えの際の脇役としても活躍します。また、丈夫なので、あまり条件のよくないわずかな隙間などを埋める際にも活躍。グラウンドカバーを上手に使いこなすことで、庭がグレードアップします。

小道の脇のグラウンドカバー。複数の品種を植えることで表情が豊かになる。

庭と歩道の間に植えられたクリーピングタイム。丈夫でどんどん増えて広がっていく。

セダム・丸葉マンネングサ。鮮やかな黄緑色が美しく、とても丈夫。5月頃、黄色い花が咲く。

Part 2 すぐに始められるガーデンテクニック

数品種混ぜて面で見せる

テクニック 1

ある程度の広がりがあるスペースをグラウンドカバーで埋める場合、数種類の植物を植えると、単調になりません。葉形や葉色が違うものを組み合わせたり、花色の相性などを考えて、品種を選びましょう。白い花をグラウンドカバーとして植えると、足元が明るい印象になります。

エリゲロン・カルビンスキアヌスと小輪のペチュニアを混ぜ、白のグラウンドカバーに。

リュウノヒゲ・白竜、タマリュウ、ディコンドラを混ぜ、豊かな表情を作っている。

木の根元に、半日陰に強い斑入り葉のアジュガ、カラスバセンリョウなど。

小道脇に葉色の違うタイムを混ぜて植えることで、より自然に。

軒下に並べたレンガ沿いにセダムを植え、無機質感を払拭。

材質の違う小道の隙間にワイルドストロベリー、ラミウム、リシマキアなどを混植。

隙間やエッジを埋める

テクニック 2

小道と花壇のエッジや、造作物と地面のエッジをグラウンドカバーで隠すと、ナチュラルなイメージになります。またほんのわずかな隙間も、グラウンドカバーを植えておくと、美しいだけではなく雑草除けにもなります。

Lesson 3

手軽に作るレイズドベッド

レンガのレイズドベッドは風合いがあって素敵ですが、モルタルでレンガを接着するには技術が必要ですし、けっこう時間がかかるという難点があります。その点、モルタル不要の組み立て式レンガなら、手間がかかりません。穴があいたレンガと専用目地板で、簡単にレイズドベッドを作ることができます。

下の写真は、モルタル不要のレンガを利用したレイズドベッドの例です。作業手順は72ページで詳しく説明してありますが、組み立てにかかる時間はたったの30分程度。解体するのもそう大変ではないので、いざとなったら、気軽に作り替えることもできます。

レンガの色のバリエーションも豊富で、今回使った色は「らくらくれんが」のアンティーク調ベージュ。普通のレンガよりはやや価格が高いですが、手間がかからないのは大きな利点です。

植えてあるのは鮮やかな緑色や銅

花がかわいらしく丈夫なクリーピングタイム。

サンチュなどのリーフ類は葉色がきれいなので、見た目も楽しい。

葉など、さまざまな葉色のレタス類とハーブ類。高さが出るボリジや、カモミール、フォックスリータイムなど花も楽しめるハーブも加えることで、実用と美しさを兼ね備えたキッチンガーデンを実現させました。

組み立てるだけのレンガで作る花壇

モルタル不要の組み立て式レンガを使いレイズドベッドに挑戦してみましょう。短時間で簡単にでき、失敗してもやり直しがきくので、気軽に作ることができます。

組み立て式レンガ

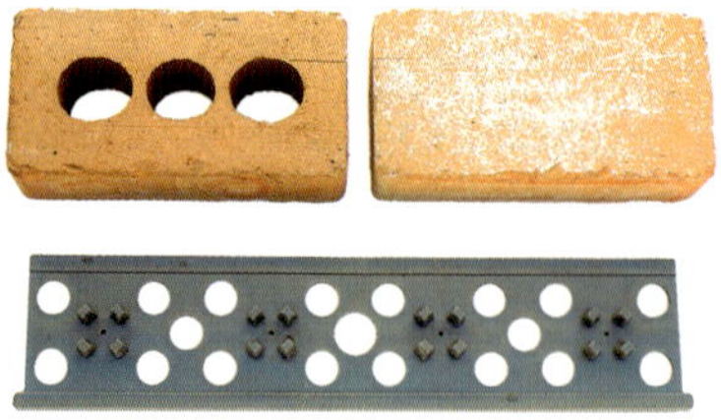

「らくらくれんが」の名称で販売されている組み立て式レンガ。穴あきレンガと、上面に使う裏だけ穴があいている笠木レンガ、専用目地板を組み合わせて使います。端用の半分サイズのレンガもあります。

施工前

キッチンガーデンのレイズドベッドを作る予定の場所。もともと植わっているビバーナムなどの木やギボウシは、そのまま残すことに。雑草などは抜いておきます。

3 穴のあいたレンガを並べていきます。右端のほうはゆるやかにカーブさせるので、少しずつずらしていきます。

2 レンガを水平に並べられるよう、地面をよくならし、平らにします。板などを使ってもよいでしょう。レンガを置く場所がガタガタしていると、きれいに仕上がりません。

1 花壇の仕上がり寸法を測り、必要なレンガの個数を割り出します。注文する際は、簡単な設計図を描いて必要なパーツの個数を確かめておくと間違いがありません。

6 組み立て時間30分ほどでレイズドベッドが完成。最後に培養土を入れて、できあがりです。もともと植わっていた植物の部分は、土をあまり入れていません。

5 一番上の段になる3段目は、片方だけに穴があいている笠木レンガをはめ込んでいきます。

4 専用目地板を並べていきます。カーブしている部分は、目地板をカットして使います。目地板を敷き終わったら、1段目とずれるように2段目を乗せていきます。

Part 2 すぐに始められるガーデンテクニック

植えつけのテクニック

テクニック1
葉色や葉形が違うものを隣り合わせに

レタスやサンチュなどのリーフ類は、葉色も魅力。レッドチコリ（トレビス）やレッドビートなど銅葉の品種をアクセントとしてところどころ入れたり、葉形の違うものを並べると単調になりません。また適度に花のあるものを混ぜると、華やかさも生まれます。

サンチュ、切れ込みの多いリーフレタス、パセリなど葉形の違いで変化を。

イチゴの中では比較的丈夫なワイルドストロベリー。

テクニック2
イチゴ類はポットのままで

イチゴ類は地植えにするとランナー（横に伸びる茎）が伸びる性質があり、そちらに栄養が取られてしまうため、実が小粒になりがちです。そのため収穫を楽しむなら、鉢植えにしたほうが無難。鉢ごと花壇に差し込めば、ほかの植物と一緒に楽しめます。乾燥を嫌うので水切れしないように注意し、液肥をときどき与えましょう。

カモミールやセージ類、クリーピングタイムなど花も美しいハーブで華やかさを演出。

P70,71のキッチンガーデン

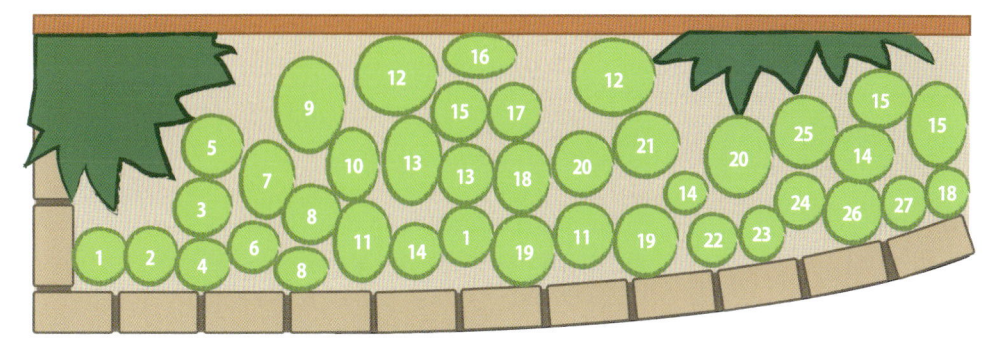

1. クリーピングタイム
2. 宿根アリッサム・ルナ
3. サンチュ
4. リーフレタス
5. レースラベンダー
6. パセリ
7. ルピナス・オーシャンブルー
8. グリーンフリル
9. ラベンダー
10. ローマン・カモミール
11. ワイルドストロベリー
12. ボリジ
13. カリフォルニア ホワイトセージ
14. レッドビート
15. カレープランツ
16. ギボウシ
17. キャットミント
18. ギリア・レプタンサブルー
19. レッドチコリ
20. コモンセージ
21. ローズマリー
22. タイム
23. バジル
24. フォックスリータイム
25. ナツメグゼラニウム
26. オレガノ・ケントビューティー
27. ミニニンジン・ピッコロ

鉢ごと差し込む簡単植えます

モルタル不要の組み立て式レンガを使えば、植えますづくりも簡単です。植物をポットごと入れたら、季節ごとの差し替えも楽です。ちょっとしたスペースを見違えるようにイメージアップできます。

「らくらくれんが」で植えますを作り、花鉢を入れると、雰囲気が一変。

家の脇に置いたフェイクの蛇口をつけたDIYの棚。

4 4段目に笠木レンガをはめ込んで完成。あっという間に組み立てられます。

3 1段目と縦の線がずれるように、2段目を重ねていきます。

2 専用目地板を並べていきます。必要に応じて、カッターなどで目地板をカットして、サイズの調整をします。

1 レンガを並べていきます。端の半端なスペースは、半分のサイズのレンガを使って調整します。

Part 2 すぐに始められるガーデンテクニック

向かって右の植えますにビオラやガーベラの鉢を。縁からアイビーを垂らすことで自然に。

ビオラ、ヒナソウなどの鉢を入れたところ。

ホーローの洗面器の中はパセリ、サギナ、丸葉マンネンソウ。

ベランダやウッドデッキで組み立て式レンガを使うには

組み立て式レンガを使えば、ベランダやウッドデッキでも手軽にレイズドベッドを作ることができます。その際、内側に透水性シートを敷くことがポイント。水やり時の土漏れを防ぐことができます。

できあがり

6 棚の両脇にコンテナが完成。

5 4段積み終えたところ。パッと見ただけでは、目地がプラスチックだとわかりません。

75

Lesson 4
アイデア次第「隠して」見せる

家の敷地はさまざまな条件で縛られています。庭のすぐきわまで隣家が建っていることもあれば、見たくない風景が目の前に広がっている場合もあるでしょう。温水器などの機械が庭に置いてあるかもしれません。目に入ってほしくないものを隠す際は、悪条件を逆手にとり、そこをむしろメインステージのようにしてしまうという方法があります。たとえばルーバーやトレリス、板などで背景を作り、椅子や寄せ植えなどを飾ると、ひとつの世界観が生まれます。また、園芸用品を収納する棚なども、飾ることを意識すると、単なる収納からデコレーションの場へと変わります。

限られたスペースを素敵に見せるためには、演出力が大事。アイデアを生かして、個性的な空間を作ってみてください。

窓の外に棚を作り、デコレーションスペースに。

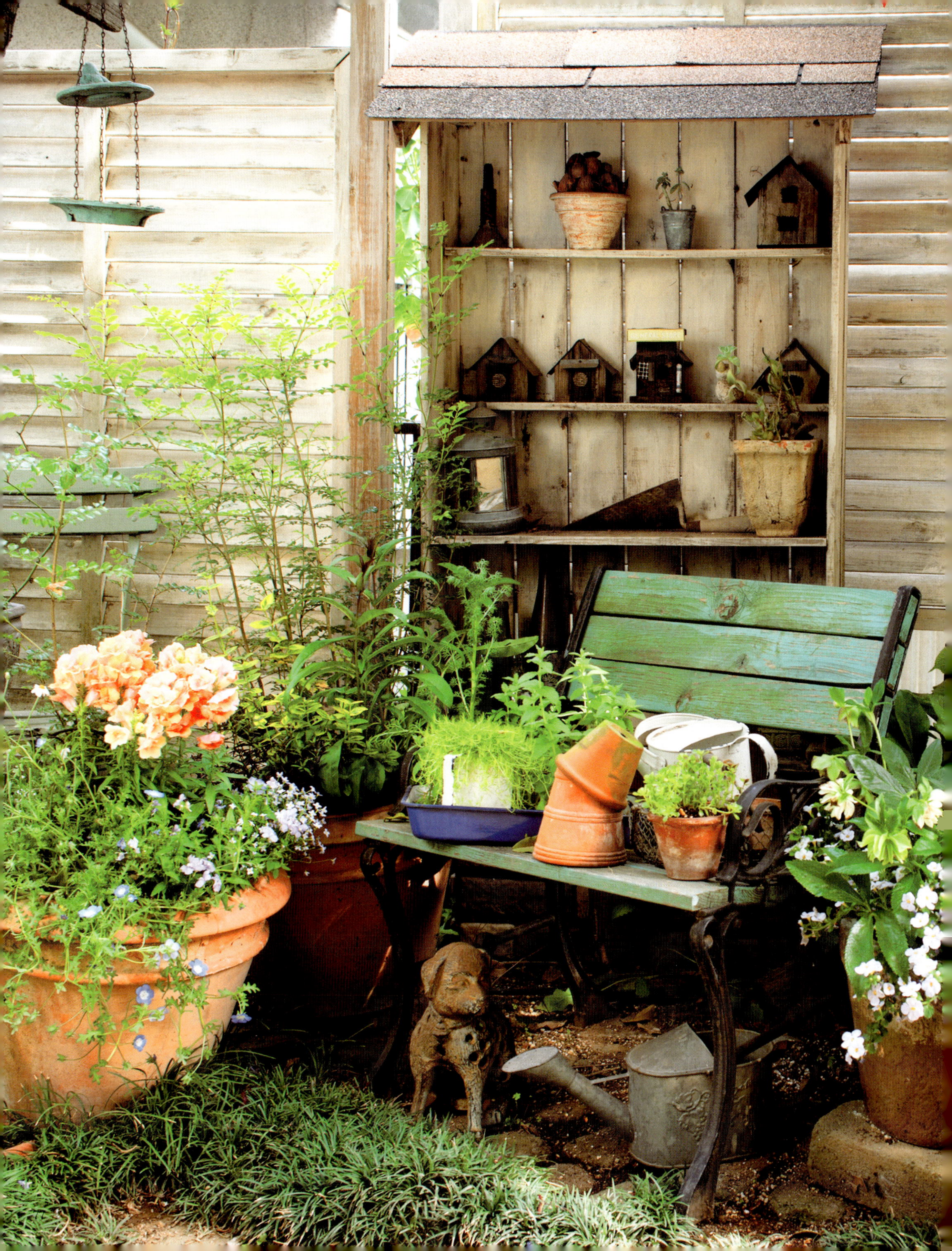

デコレーションスペースを作る

雑貨や寄せ植えなどを飾るデコレーションのためのスペースを作ると、目に入れたくないものを隠しつつより素敵な空間を作ることができます。庭が狭い、隣の家が見えるといったさまざまな悪条件を乗り越えるためにも、ぜひマスターしてほしいテクニックです。

テクニック1　背景で目隠しを

隣家の建物が迫っていたり、ブロック塀など見映えの悪い造作物がある場合は、背景を作ることで隠すことができます。ただし隣の家が日陰になるなど、迷惑をかけないよう注意が必要です。また、背景を設置する際は暗くならないように色を淡めにし、ルーバーなど隙間がある素材も活用しましょう。

隣家の裏側との境い目に、市販のルーバーに色を塗って作った背景を設置。棚を作り、小さなアンティークのテーブルと組み合わせて、デコレーションスペースにしている。

隣家との境に作った背景。淡いペパーミントグリーンが、半日陰のスペースを明るくしている。小さめの棚がかわいらしい。

アンティークの和風窓を組み入れた背景。透け感があるので、圧迫感がない。日陰になる棚には多肉植物など丈夫な植物の小さな鉢や雑貨が置いてある。

電信柱は 巻いて囲って

テクニック 2

家の敷地内に電信柱がある場合、なんとか目立たなくしたいもの。たとえば電信柱の前にルーバーなどを置く方法もありますが(80ページ参照)、板で囲う手もあります。ただ、電気工事の際などにすぐはずせるようにしておく必要があります。

電信柱から少し離れた位置に、小壁を設置。電信柱本体には色を塗った板をワイヤーで巻きつけている。

電信柱足元のレンガの小壁に合わせて床面は放射状にレンガを敷き、素敵なスペースに変身させている。

トレリスで さりげなく隠す

テクニック 3

目隠しにトレリスを使うと透けているので圧迫感がなく、それでいて裏の風景が目立たなくなります。右の写真はトレリスの前に大きな鉢とおしゃれな棚を置くことで、隣家の建物を目立たなくした例。ジョウロやシャベルなどの園芸用具も、雑貨や鉢と一緒に"見せて"収納しています。下の写真はトレリスで金属の雨戸を隠しています。

青いジョウロがアクセントに。大鉢やハンギング、棚で隣家を隠している。鍋の使い方にも注目。

雨戸の前にトレリスと棚を置き、デコレーションのスペースに。寄せ植えや雑貨で個性を演出。

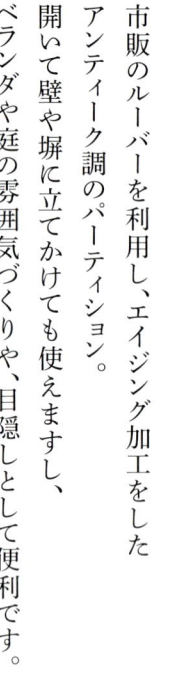

市販のルーバーにひと手間かけて

市販のルーバーを利用し、エイジング加工をしたアンティーク調のパーティション。開いて壁や塀に立てかけても使えますし、ベランダや庭の雰囲気づくりや、目隠しとして便利です。

電信柱隠しにも

敷地内にあるかなり目立つ電信柱を、パーティションで目隠ししました。透明なテグスなどでルーバー部分と電信柱を何ヶ所か結わえておけば、倒れません。寄せ植えと組み合わせると、雰囲気ががらっと変わります。

Part 2 すぐに始められるガーデンテクニック

用意するもの

- ルーバー材
  ❶ アイリスオーヤマ
    ルーバーラティス ML-318
    62（W300mm×H1800mm×D35mm）
    ……1枚

- 杉角材：いずれも30×40
  ❷ L=300mm（中桟用）
    ……2本
  ❸ L=360mm（上下桟用）
    ……4本
  ❹ L=1625mm（縦桟用）
    ……4本

- スプルス材いずれも（1×4サイズ）
  ❺ L=700mm（下部目隠し用）
    ……6枚
  ❻ L=700mm（下部目隠し用）
    幅30mmにカットしたもの
    ……2枚
  ❼ L=300mm（パネル固定用）
    幅40mmにカットしたもの
    …… 4枚

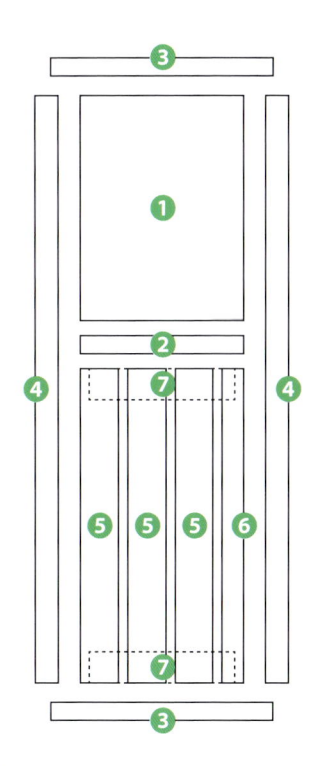

- ネジ類
  ❽ 木ネジM5×55mm……18本
  ❾ 木ネジM5×25mm……28本
  ❿ 角蝶番（ビス付き）……1組

- 塗料
  ニッペ ホームプロダクツ 水性フレッシュワイド44
  ブルーグレー

  アサヒペン プロテクト＆ビューティー
  WOOD油性 木部保護塗料
  ダークオーク

- その他
  刷毛
  ボロ布

- 費用

ルーバー材	2,480円
杉角材	780円
スプルス材	712円
ネジ類	368円
塗料（2種類計）	2,430円
合計	**6,770円**

アンティーク風パーティションの作り方

3 ルーバーを左右からはさむ❹の角材を、まずルーバーの上の部分に❽のネジで留めます。

2 ルーバーの下の部分に、P81❷の角材を❽のネジで留めます。

1 1枚のルーバーを真ん中で切り、2枚にします。つまり1枚のルーバーから、パーティションの両面分を作ることになります。

6 パーティションの下にあたる部分に❸の角材をつけます。

5 ❸の角材を、ルーバーの上の部分につけます。ネジは❹の角材の部分に打ちます。

4 次に❹の角材をルーバーの下につけた❷の部分に打ちつけます。

9 板がずれないように注意しながら、横の枠の側から❽のネジを打ちます。

8 並べた板の上下に❼の板を1枚ずつ置き、はめ込みます。

7 ルーバーの部分が裏になるように置き、四角い枠になった部分に、❺の板3枚と❻の板を並べておきます。

Part 2 すぐに始められるガーデンテクニック

12 板を枠に戻し、短いほうのネジ❾で、先ほど打ちつけた❼の板に留めていきます。これで土台の完成です。

11 ❺と❻の板はバラバラの状態なので、いったんはずして全体を裏返し、ルーバーの表側が上になるように置きます。

10 もう1枚の板も、同じように枠の側からネジで留めます。

15 ブルーグレーの塗料を塗っていきます。古びて剥げたような風合いを出すため、角材と角材のきわなどは、わざと塗り残しておきます。

14 乾かないうちに、ボロ布で拭き取ります。

13 エイジング加工をするため、板と板のつなぎ目や枠などに、ざっと茶色のオイルステインを刷毛で塗ります。

できあがり

17 裏に2ヶ所、蝶番をつけ、2枚のパネルをつなぎます。

16 乾いたらボロ布に茶色のオイルステインをつけ、ところどころに塗り、古びた感じを出します。

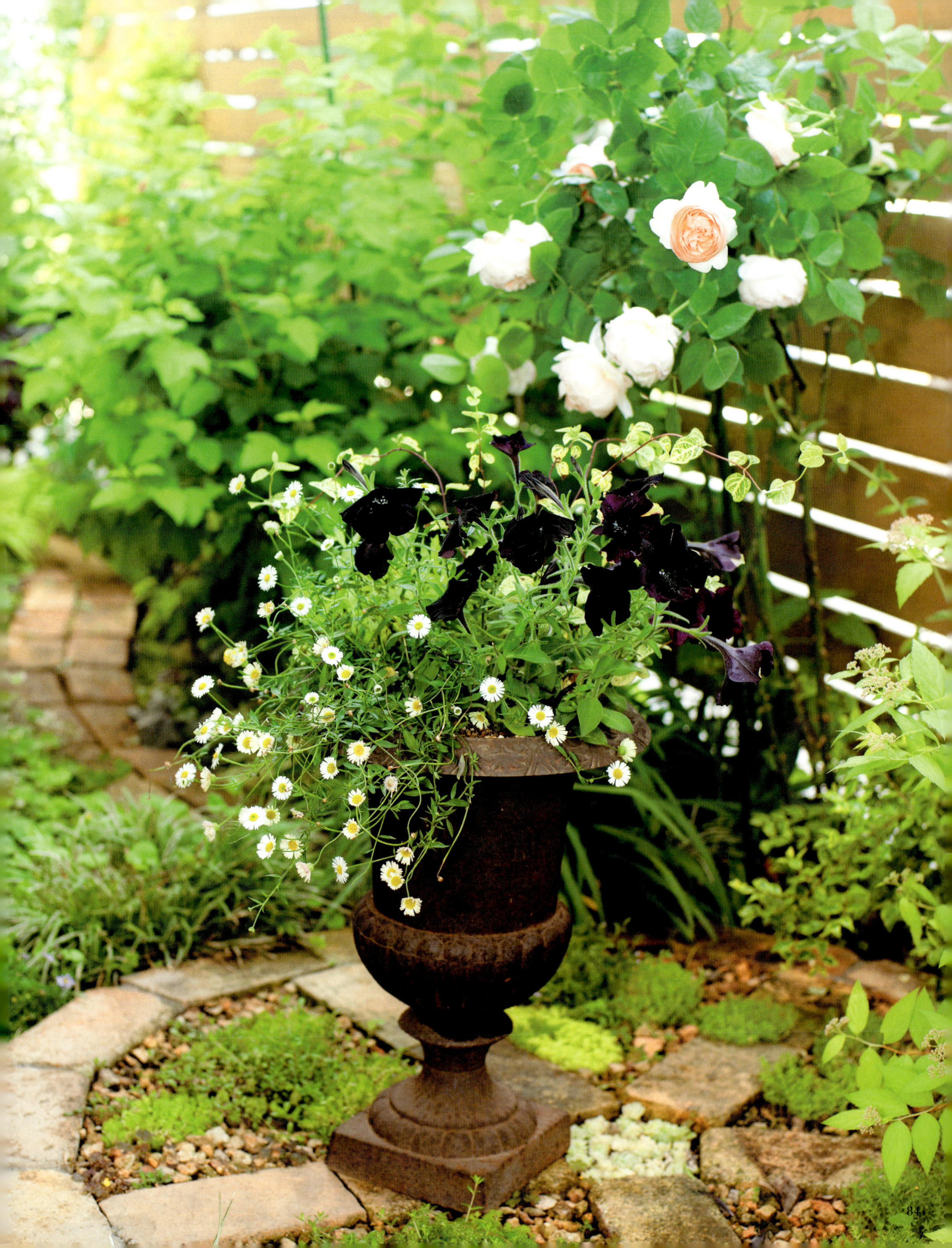

Lesson 5 寄せ植えを庭のポイントに

寄せ植えというと、玄関まわりやベランダなど土がない場所に置くことが多いと思いますが、庭にもぜひ取り入れてください。空間が小さい場合はとくに、寄せ植えをフォーカルポイントにすることで、風景に変化が生まれます。その場合、背景に庭植えの花がたくさんある状態では、寄せ植えが埋没しがちです。造作物の前やちょっとした空きスペースに置くと、寄せ植えがよく映えます。

小さな庭に寄せ植えを置く場合は、あまり気合を入れたものよりは、さりげないもののほうが庭との調和がとりやすい場合もあります。たとえば右の写真の庭に置かれた寄せ植え。黒ペチュニアとエリゲロン・カルビンスキアヌス、ゴールデンハニーサックルのナチュラルな姿が風景にうまく溶け込み、庭を引き立てています。

鉢の選び方も重要です。寄せ植えに圧倒的な存在感を持たせるのか、脇役としてさりげなく置くのかによっても、選ぶ鉢が変わってきます。存在感を持たせるには、大きな素焼き鉢やアイアン製など、重量感があるものが向いています。

多肉植物の寄せ植えと、2色のベビーティアーズの寄せ植え。バラが咲くとメルヘン的になる。

ワイヤー籠の中にホワイトガーデンを凝縮したような寄せ植えが、風景に優しく溶け込んでいる。

まわりの花が華やかなので、喧嘩しないよう、寄せ植えはさりげなく。ふんわりとした色合いのパンジーとストックが優しい雰囲気を生んでいる。

テクニック1 植栽にアクセントを

写真は道路に面した駐車場前の、奥行きが狭い植栽スペース。土がほとんどないこのようなスペースも、ちょっとした隙間を利用して寄せ植えを置くだけで、雰囲気がガラッと変わります。外に向かって開かれた自然のギャラリーとして、季節ごとに置き換えてみたらどうでしょう。

グリーン中心の植えます。縁に寄せ植えを置き、寂しさと単調さを解消。

置く場所でイメージが変わる

同じ寄せ植えでも、置く場所や背景に何をもってくるかでまったくイメージが変わります。また、小さな庭に寄せ植えを置くことで、雰囲気を劇的に変えることも可能です。寄せ植えは時に庭の主役にもなるし、脇役として空間を引き立てる役割も。どんな器を使い、どんな花を組み合わせてどこに置くか。いろいろ試して、無限の可能性を楽しんでください。

主役のチューリップを引き立てる

春を告げる花の代表格のチューリップ。主役を引き立てるため、リーフ類を少しだけ添えてあります。青みがかった紫色のブリキバケツは、けっこう個性的な色です。濃い色を背景に持ってくると、バケツはあまり目立ちませんが、チューリップが浮き上がります。逆に淡い色が背景の場合は、バケツとチューリップの色彩の対比が強調されます。

1. チューリップ・シルバーパロット
2. ラミウム・スターリングシルバー
3. ゴールデンレモンタイム
4. リュウノヒゲ・白竜

ドアを背景にシックな趣で

暗い色の木戸の前にチューリップの鉢を置くことで、パッとあたりが明るく。華やぎの中にシックさがある寄せ植えの使い方。

フェンスと合わせて優しい雰囲気に

水色に塗ってエイジング加工したフェンスを背景に置いて、強くなりすぎないアクセントを。色彩の組み合わせで、春らしい雰囲気を演出。

板を並べた背景で甘さを演出

優しい色に塗った板を並べて背景にすると、カフェのような雰囲気になり甘やかな感じに。ふわっとした春らしさが強調される。

1. 五色セリ・フラミンゴ
2. ラミウム・スターリングシルバー
3. エリゲロン・スピカータ
4. ヘリクリサム・ペティオラレ バリエガータ
5. チューリップ・ニューデザイン
6. 原種チューリップ・リトルビューティー
7. ラミウム・ゴールドラッシュ
8. フロックス・ディバリガータ "モントローザ トリカラー"
9. フロックス・ディバリガータ ホワイトパヒューム
10. ロータスブリムストーン
11. ブラキカム・イエローサンバ
12. シルバータイム
13. 斑入りスイートアリッサム

アンティークのコンテナに春の情景を

アンティークの横長のブリキ容器を利用した寄せ植え。チューリップはほかの鉢で育てたものを、根を傷めないようにそっと移植しています。原種系チューリップは、閉じている姿もキュート。普通のチューリップと原種系を植えることで、高低差がつけられます。チューリップは花が終わったら抜いて、季節の花に入れ替えると、年間を通して楽しめます。

レンガ塀と組み合わせて大人っぽく

レンガ塀を背景にすると、ぐっと大人っぽい雰囲気に。ガーデンの主役としての風格が演出できる。

えんじ色の花を加えてリメイク

以前作った寄せ植えに残っていたシロタエギクとアイビーを利用してリメイク。シルバーリーフとえんじ色は相性がいいので、えんじ色のアークトチスを主役に迎え、手前にシルバーリーフのラミウムを添えました。アコルス・オーゴンで動きを出し、ネメシアや宿根イベリスで華やぎを。葉色がシルバーと濃緑だけだと単調になるので、ヒューケラで変化をつけています。

1 アコルス・オーゴン
2 アークトチス（赤花）
3 ネメシア
4 ヒューケラ
5 シロタエギク
6 イベリス
7 ラミウム・スターリング シルバー
8 アイビー

春の寄せ植え

ロマンチックに春らしく

ラベンダー色に塗った木箱を使った、春らしさを演出した寄せ植え。ふわっとしたピンク系の花と黄金葉で、大人っぽいロマンチックな世界を作っています。淡い色だけだとぼやけた印象になるので、銅葉のヒューケラとキンギョソウで引き締めて。アネモネが季節感を出していますが、花期が終わったら抜いてしまってもかまいません。

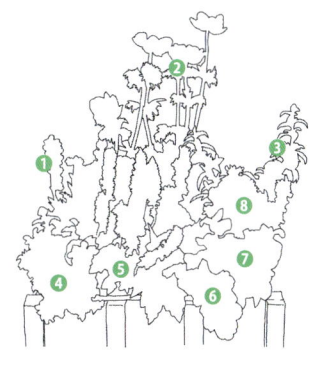

1. ルピナス・ピクシー デライト
2. アネモネ
3. キンギョソウ・ブロンズドラゴン
4. ラミウム・ラミ
5. ティアレア・シルベラード
6. ヒューケラ・シャンハイ
7. ヘリクリサム・ペティオラレライム
8. クレロデンドルム・パピヨンローズ

春〜夏の寄せ植え

ファッショナブルな色彩を楽しむ

色にこだわった寄せ植え。シックなブラックペチュニアと、さんご色の球根ベゴニアの対比が魅力です。主役の2種を引き立たせるため、さりげない小花と銅葉を添えて。球根ベゴニアもペチュニアも春から秋まで次々と花をつけますが、球根ベゴニアは夏の暑さに弱いので、梅雨明け後はなるべく半日陰で管理しましょう。

1. ペチュニア・ブラックチェリーデボネア
2. イベリス・ゴールドシュガー
3. 斑入り葉キンギョソウ・ダンシングクィーン
4. カスミソウ・ジプソフィラ
5. 球根ベゴニア・プリンセスファンタジー

庭のポイントとなる存在感ある1鉢

ペンステモンやユーフォルビア、宿根リナリアなど、庭植えによく使う植物を使った寄せ植え。一つひとつを見るとそれほど派手ではない宿根草も、フランネルフラワーなど華やぎのあるものを加えて大きな寄せ植えにすると、存在感が生まれます。素焼き鉢も重量感があるので、庭の一角に置いた時、アクセントになります。

1. ペンステモン・ハスカーレッド
2. ユーフォルビア
3. 宿根バーベナ・ドナレア トゥインクル
4. カスミソウ
5. ペンステモン・エレクトリックブルー
6. ダイアンサス・スーティーブラック
7. 宿根リナリア・プルプレア
8. フランネルフラワー・天使のウィンク

秋〜春の寄せ植え

**シックな彩で
3シーズン楽しめる**

シャープな印象の細葉のニューサイランを芯にしたシックな寄せ植え。茶色系と紫系の色でまとめています。アート的な使い方ができるハボタンがポイント。よく咲くスミレは長期間にわたって花が次々と咲くので、時々追肥を与えましょう。秋から春まで、長い間楽しむことができます。ココヤシファイバーを使った寄せ植えは乾燥しやすいので、水切れしないように注意を。

1 ニューサイラン・ブラックレイジ
2 コロキア
3 よく咲くスミレ・ライチ
4 カップ咲きハボタン・ブラックルシアン
5 紫キャベツ・ガーデンルビー
6 アカリファ・ベルサイユ

パステル調の二段バスケット

アンティークの2段バスケットを使った寄せ植え。上下をまったく違う植物にしてしまうと統一感がないので、パンジーやビオラなど共通の植物を使っています。かわいらしいパステル調のグラデーションを意識し、あえて強い印象の植物を入れていません。上段のバラは、花期が終わったら抜いてほかの鉢で管理してもかまいません。隙間が気になるようなら、ビオラなどを植え足しましょう。

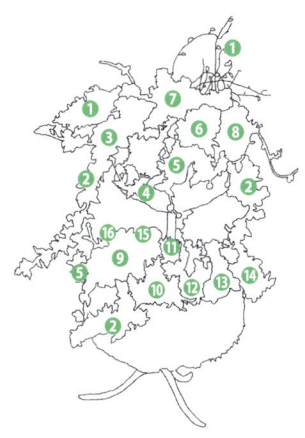

1. ワイヤープランツ
2. アイビー
3. ヒューケラ・テキーラサンライズ
4. ベロニカ・ミフィーブルート
5. ポリゴナム・セレブピンク
6. ビオラ・ぶどうももか
7. パティオローズ・サラマンダーシリーズ
8. オウゴンアサギリソウ
9. ビオラ・ビビ マンゴーアンティーク
10. プラチーナ
11. ユーフォルビア・白雪姫
12. ビオラ・ビビ ピンクアンティーク
13. ガーデンシクラメン
14. リシマキア オーレア
15. よく咲くスミレ・ピーチ
16. バコパ・エバーシリーズ

寄せ植えの作り方

寄せ植えの基本的な作り方です。主役になる花と添えの小花、背の高い植物、動きを生む植物、カラーリーフのバランスを考え自分なりの寄せ植えで個性を発揮しましょう。

3 草花用培養土にマグァンプKなどの元肥を加え、混ぜておきます。元肥には長期間にわたって効果があるものを使います。

2 鉢底石を適量入れます。鉢底石を入れることで、鉢内の通気性、排水性がアップし、根腐れを防ぎます。

1 鉢底ネットを適当な大きさにカットし、鉢穴の上に置きます。鉢底ネットを置くと、土の流出やナメクジなどの侵入を防げます。

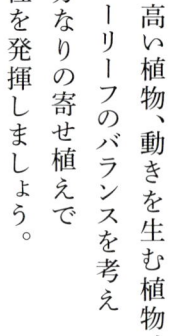

6 背景となるカレックス、ユーパトリウムを、ギュッと左右から寄せて。寄せ植えは詰めて植えるのがコツです。

5 まず背景となる、背の高い植物から植えていきます。この場合はドドナエア。木の正面を考えて配置しましょう。

4 植える植物の根の量や高さを考えて、鉢に**3**の土を適量入れます。

用意するもの

- 鉢
- 鉢底ネット
- 鉢底石
- 草花用培養土
- 元肥（マグァンプK）
- 筒型土入れ

9 イレシネやヒューケラなど手前の植物は、少し前に傾けるように植えるとバランスがとれます。

8 背が低い植物を植える際は、土を足して、土の高さを高くします。

7 奥のものから順番に入れていきます。植物どうしが少し絡まるようにすると自然な雰囲気になります。

植える植物
1. ドドナエア・ビスコーサ プルプレア
2. カレックス・フラゲリフェラ
3. コレオプシス・ウリドリーム
4. イレシネ・パープルレディー
5. ビオラ・ビビ スカーレット
6. ヒューケラ・ベリースムージー
7. フジバカマ・羽衣
8. プレクトランサス
9. ヤブコウジ・平成の輝
10. ユーパトリウム・グリーンフェザー
11. チョコレートコスモス・チョカモカ

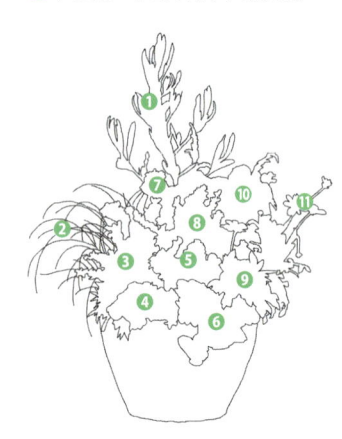

12 土を入れ終わったら、鉢底から水が流れ出るまでたっぷりと水やりをします。

11 割り箸などで土を差し、隙間をなくしていきます。土がへこんだところには、さらに土を足します。

10 苗と苗の間に土を入れていきます。鉢の縁ギリギリまで土を入れず、1〜3cmウォータースペースを残すようにします。

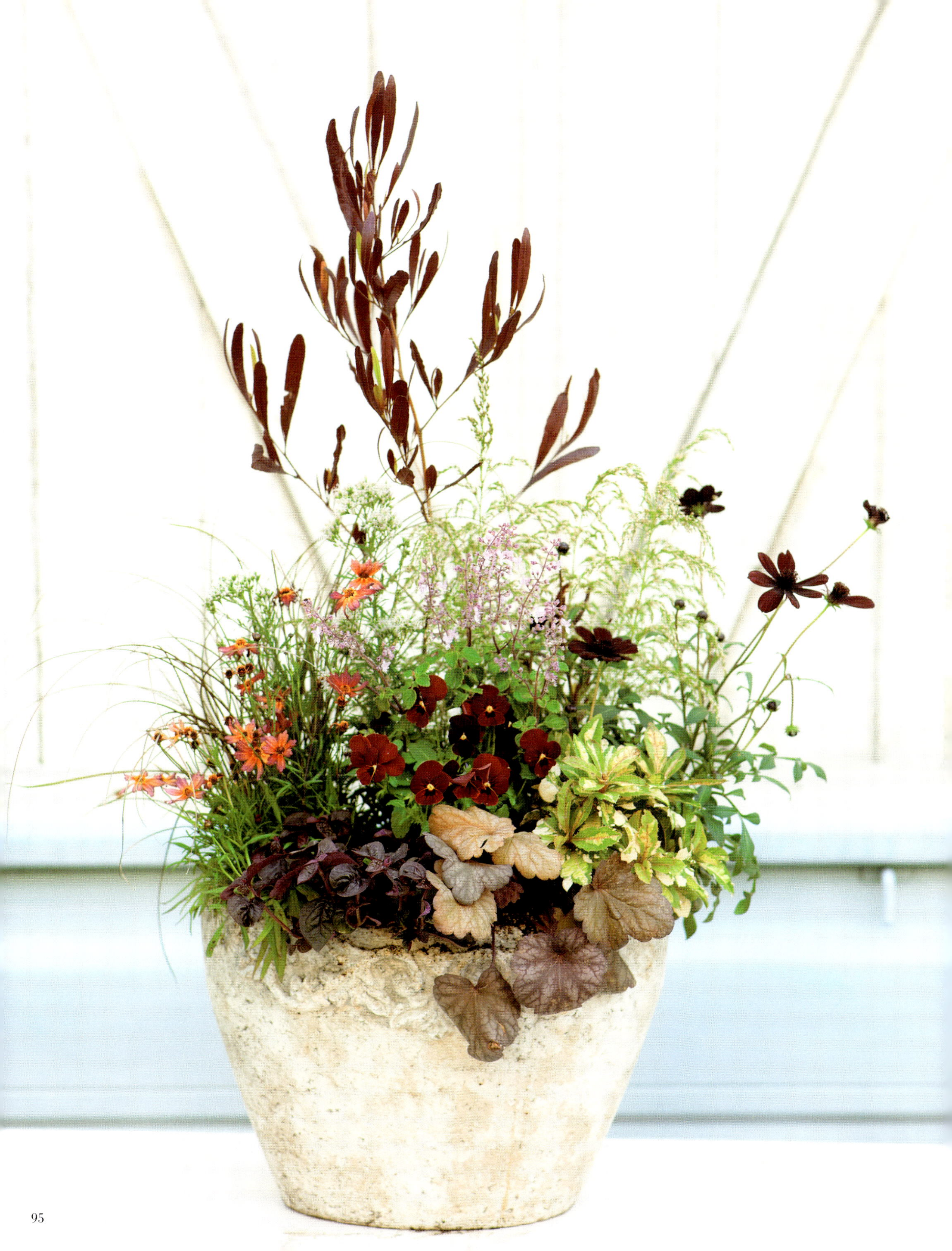

寄せ植えを管理するポイント

置き場所

寄せ植えは狭い空間にたくさんの植物を植えることが多いので、ムレないよう、なるべく風通しのいいところに置きましょう。日当たりは大事ですが、夏は直射日光が当たると乾燥が早いので、直射日光は避けたほうが無難です。

水やり

過湿にならないよう、土の表面が乾いてから、鉢底から水が出るくらいたっぷりやるのが基本です。花や葉に水がかかると傷んだりムレやすいので、できるだけ鉢の縁から水を注ぐようにしましょう。ココヤシファイバーを使った寄せ植えは乾きが早いので、気をつけましょう。

花がら摘み・切り戻し

咲き終わった花がらは、こまめに摘みましょう。花がらを残しておくと汚いですし、種をつけるために養分をとられ、株が早く弱ります。枝が伸びて次々と花が咲く植物や、花穂状になる植物は、花が少なくなった段階で切り戻しをすると、再び新しい芽が伸びてきます。

葉ものは、上にばかりどんどん伸ばしていくと、下のほうが貧相になることがあります。下葉があるうちに中央の茎の部分を切る摘心を行うと、側枝が出て形よくまとまります。また、葉が茂りすぎたら剪定して枝透かしをすることで、ムレを防ぐことができ、日もまんべんなく当たるようになり、下葉が黄色くなるのを防げます。

害虫対策

植物によってつく害虫は違いますが、春に一番気をつけたいのはアブラムシです。見逃すとあっという間に増えて、植物を衰退させます。土の上にオルトラン粒剤など、浸透移行性の薬剤をまいておくと、水やりのたびに吸い上げた水と一緒に葉や茎に浸透し、防除できます。

また鉢内にコガネムシが卵を産み、幼虫が孵ると、あっという間に根を食べられてしまい、場合によっては枯れてしまいます。コガネムシの成虫を見つけたらすぐに捕殺するようにしましょう。オルトラン粒剤はコガネムシの幼虫にも効果があります。

には1週間に1度程度、水やり時に薄めた液肥を与えます。1～2ヶ月ごとに固形の化成肥料を置き肥してもよいでしょう。

肥料のやり方

植えつけ時にマグァンプKなど元肥向けの緩効性肥料を施しておけば、そう頻繁に追肥をしなくても大丈夫です。肥料をやりすぎると茂りすぎてしまい、逆に寄せ植えの賞味期間を短くしてしまうこともあります。ただビオラや小輪のペチュニアなど、多花性で長期間にわたって次々と花が咲く植物は、追肥が不可欠です。花の盛りは、追肥が不可欠です。

寄せ植えのリメイク

一年草や球根植物は花期が終わったら抜き、新しい植物に植え替えれば、寄せ植えのリメイクができます。抜いた後の土に残った根はなるべく取り除き、新しい培養土と元肥を混ぜたものを入れ、新たな植物を加えましょう。

Part3

お手本にしたい
素敵な
ガーデン

ロマンチックな手づくりガーデンハウス

埼玉県　藤浪千枝子さん

ガーデニング歴21年の藤浪さん。15年前からバラにのめり込んでいるそうですが、バラを育てるようになった理由のひとつでした。

「家のまわりに次々とマンションや背の高い家が建ち、日当たりが悪くなって。つるバラなら枝を上に伸ばして、高い位置で光を受けることができます。よく伸びる品種のバラを2階のベランダまで伸ばしたり、あまり日が当たらない場所には小さな道具小屋を作って庭のアクセントにしたり。悪条件が増えるたびに、工夫をして乗り切っています。全体としてなるべく明るい印象にするため、白や淡いピンクなどの穏やかな色調のバラをメインにし、赤や黄色など強い色はあまり使わないようにしています」

ご夫妻のくつろぎの場が、庭の奥にあるご主人お手製のガーデンハウス。パーゴラ状の屋根の部分には雨除けのために透明な波板を貼り、隙間からつるがよく伸びるバラ、ポールズ ヒマラヤン ムスクと、一重のイングリッシュ ローズのラッシング ストリーム、そしてブドウを誘引。ポールズ ヒマラヤン ムスクが花綱のように優雅に垂れ、ブドウが美しい葉影を作っています。

ガーデンハウスのなかには、アンティークの小物や寄せ植え、庭の花で作ったアレンジメントなどが、センスよく配置されています。寄せ植えは、ご夫婦で競い合うようにして作っ

Part 3 お手本にしたい素敵なガーデン

隙間から垂れるポールズ ヒマラヤン ムスクとレースのカーテンの調和が見事。(見取り図Ⓐ)

既製品のアンティーク風のパーツやアイアン製品などをうまく組み込んで作ったガーデンハウス。

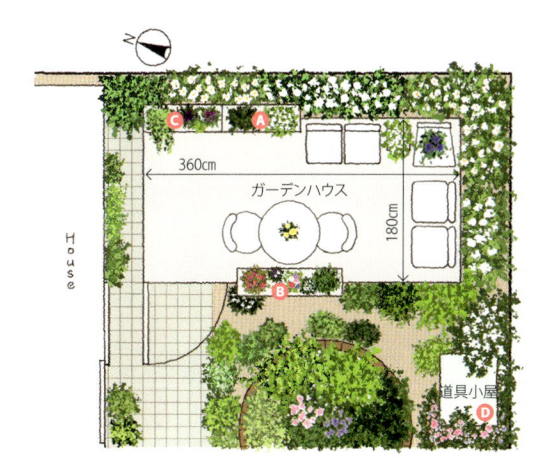

ているとか。どちらかというと奥さまが大胆派で、ご主人はロマンチック派。飾ってあるワイヤーアーツの小物なども、ご主人が作っています。年齢とともに、冬の寒い時期にバラの誘引をするのが大変になってきたという藤浪さん。脚立に乗らなくてはいけない高い場所の作業は、ご主人の担当です。

「庭の手入れに手間はかかりますが、手間も楽しみです。主人と花屋さんに行くと、別々に行動をして、それぞれ好きな植物を買います。どこに何を植えるか、どう誘引するかで、時々けんかになることも」

子供たちも独立した今、ガーデニングという趣味が、夫婦の絆をより強くしているという藤浪ご夫妻。庭仕事の手を休め、ガーデンハウスでゆっくりと2人でお茶を飲む時間が、何よりの贅沢なひとときのようです。

外の緑と白い木製部分の対比が美しい。お気に入りの花器に生けた庭の花や小物が空間を彩る。(見取り図❽)

アイアンの小物を使ったコーナー。鉢と切り花を組み合わせて。(C)

寄せ植えやつるバラで世界観を演出

ポールズ ヒマラヤン ムスクはガーデンハウス内に垂れ下がるよう、ふわっと誘引。庭の花で作ったアレンジメントや寄せ植え、レース、アンティークの小物などを調和させ、ロマンチックな世界観を演出しています。壁は作らず庭の続きとして一体感を持たせ、開放感もあります。

バラの季節が終わると、ブドウが屋根を覆い、秋には収穫が楽しめる。

庭の花で小さなアレンジメントを。揺れる葉影が美しい。

Part 3 お手本にしたい素敵なガーデン

見せる道具小屋で雰囲気づくり

日があまり当たらないデッドスペースには白く塗ったDIYの小屋を設置し、明るさを演出しています。脇からクレマチスを誘引し、吊り下げた鉢にはオレガノ・ケントビューティーなど半日陰でも育つ植物を。小屋の前に置いた寄せ植えは、ご主人曰く「うちで一番小さな庭です」。(見取り図 D)

天使の像部分に麻紐をかけ、クレマチスのつるを誘引している。

葉もの中心の寄せ植え。ふわっとした花とセダムの黄緑がアクセント。

塀に木製のコンテナを設置

道路に面した塀に木の板を貼り、下のほうに鉢をそのまま入れられる木製のコンテナを設置。木立ち性のバラや、バラの花期に咲く宿根草が植えてあります。板が貼りにくい場所はレンガ塀を白く塗り、木製コンテナにトレリスを立て、バラを誘引しています。

塀にくっつくように手製のトレリスを設置し、バラを誘引。

バラや宿根草を鉢ごとコンテナに入れ、花が終わったら別の鉢と取り換える。

階段には寄せ植えや鉢植えをリズミカルに並べて。パッと目のいく場所に、華やかな寄せ植えやハンギングを飾っている。(P105見取り図Ⓐ)

道ゆく人を癒す坂の上の家

東京都　大野紀子さん

　大野さんがガーデニングを始めたのは18年前。寄せ植えの勉強を続け、今は寄せ植えとハンギングの講習も行っています。
　今の家は坂を登ったところにあり、高いコンクリートの擁壁の上に住宅が建てられています。広い庭を作ることができないため、家とフェンスの間の通路など、住宅のまわりの幅の狭いスペースをうまく利用。立体的に空間を使って、ガーデニングを楽しんでいます。
　「バラは25品種育てていますが、薬剤は使わず、オーガニック栽培をしています。薬剤をやめたら庭にガマガエルが来て、ナメクジを退治してくれるようになりました。庭に生態系が生まれ、自然のバランスがとれてきたんでしょうね。バラの肥料は、

つるがよく伸びるランブラーローズのアルベルティーヌを鉢で育て、フェンスの外側に誘引。

狭い通路に鉢を置いて

フェンスと擁壁からあふれんばかりに咲くバラとクレマチス。実は、家とフェンスの間の狭い通路に鉢を置き、フェンスの外側に誘引しています。鉢植えでもここまでボリュームが出るのかと、驚くほど。空間を効率よく使うアイデアです。（見取り図 B）

クレマチス・プリンスチャールズの淡い紫色とアルベルティーヌのピンクの調和が美しい。

えんじ色がシックなイングリッシュローズのトラディスカント。

黄金葉のセラトシグマや銅葉のスモークツリーなど、葉色の違う植物を組み合わせることで、花がない季節も寂しくならない。

2月に鉢で売られるチューリップを利用して寄せ植えを作り、季節を先取り。

コンクリートの植えますはカラーリーフ中心に

コンクリートの植えますは、斑入りのツルニチニチソウや銅葉のスモークツリーやライム葉のシモツケ、ギボウシなどカラーリーフを多めに植え、バラを始め季節の花を2割程度加えています。また華やかさを出すために、目立つ場所に季節の寄せ植えを置いています。（見取り図 C）

米ぬかを発酵させて自分で作っています」

道行く人に楽しんでもらおうと、擁壁のまわりにはコンクリート製の植えますが設けられていますが、夏に太陽の光が当たるとコンクリートが相当熱くなるため、弱ってしまう植物もあるそうです。

「かなり条件が過酷なようで、丈夫なはずのドドナエアもセージも、大きくなったところで枯れてしまいました。そういうことを繰り返しながら、環境に合う植物を見つけています。丈夫で葉色が美しいカラーリーフを多めに植え、そこに季節の花を入れて。たとえばジギタリスは植え込んでいますが、デルフィニウムは鉢で日当たりのいいところで育てて花の季節だけ鉢ごとすっぽり入れるなど、いろいろ工夫をしています。下草が茂っているので、ポットが気になりません」

植えますの土は赤玉土＋腐葉土＋堆肥。毎年秋には、落ち葉と米ぬかをまくそうです。季節ごとに目立つ場所に寄せ植えも飾り、華やかさを演出しています。また擁壁の上のフェンスからランタナやツルハナナスなど下垂性の植物を垂らし、フェンスにはバラやクレマチスを誘引。階段や壁は、寄せ植えやハンギングでアクセントを。限られた空間をフルに活用し、季節ごとに美しい景観を作っています。

階段はコンテナで変化を

玄関へと続く階段は、上るにつれて視界が変わっていくことを計算に入れ、一番目につく場所にメインの寄せ植えが置かれています。コンクリートが背景になるので、パッと明るい色でアクセントを。ほかの段には色を抑えた寄せ植えや葉ものの鉢を置くことで、主役がより映えます。(見取り図Ⓐ)

赤いペチュニアとオレンジ色のナスタチウムが鮮やか。

上の段には葉に存在感があるアカンサスモリスやヒューケラの鉢。

日陰のハンギング。アジサイ、ヒューケラ、モミジ、ナンテンなど。

狭い通路の奥は暗くならないよう、明るい色調で。

ちょっとしたスペースにオーナメントを。

ハンギングで視線を集める

階段の手前や玄関前など視線が行く場所にハンギングを飾り、フォーカルポイントを作っています。花色を絞り、葉ものを効果的に使うと、シックで大人っぽいハンギングに。日があまり当たらない場所は白い花のボリュームを大きくすることで、明るい印象になります。

玄関前のハンギング。アジサイ、アスチルベ、クジャクシダ、ヒューケラなど。

道路沿いの植えます

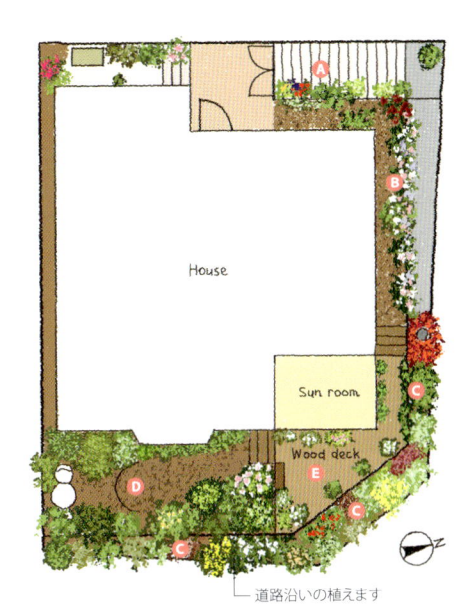

遠近法をうまく利用する

家とフェンスの間の、幅の狭いスペース。アーチを設置し、奥に通常のサイズより小さいテーブルと椅子を置くことで、遠近感を強調し、目の錯覚で実際より奥行きを深く見せています。また手前にデルフィニウムなど高さとボリュームのある花を配置し、さらに遠近法を強調しています。(見取り図 D)

アーチにはアルバ マキシマとチャールズ ダーウィンを誘引。奥のテーブルに濃い色の花を置き、奥行きを強調。

ラウブリッターをオベリスクで仕立て、根元には宿根ネメシアとヒューケラを。

クレマチスを何気なくベンチに誘引して自然な雰囲気に。

ウッドデッキはくつろぎの場

ウッドデッキは日当たりもよく、植物にとって好条件の場所。通りの向こう側の木が借景になるので、溶け込んでしまわないように明るい花色の寄せ植えを中心に、大小の鉢植えで構成しています。配置する際はリビングからの眺めを考慮。ぎっしり置きすぎないのがポイントです。(見取り図 E)

玄関前には季節の寄せ植えが。ダイアンサスやダリアの色調とカラーリーフの組み合わせが絶妙。（見取り図B）

歩道ぎわのクリーピングタイムが見事。内側にはチューリップのアンジェリケ。（P108見取り図A）

アイスバーグをフェンスに誘引。アプリコット色のジギタリスがアクセントに。（見取り図C）

色づかいにこだわったオープンな庭

埼玉県　林田みどりさん

道路に向かって開かれている、林田さんの庭。道ゆく人たちは足を止め、フェンス越しに見える庭や家の前のフロントガーデンに見とれています。

色にもこだわりがあり、ワインレッドと白で構成する場所、紫色の花で構成した場所など、場所ごとに色を絞り込んでいます。狭い空間にあまりいろいろな色を持ち込むと、統一感がなくなります。色を限定することで、華やかななかに落ち着きのある、シックな風景が生まれます。

「あまり手をかけなくてすむこともあって、宿根草が好きで、気に入った品種を主に通販で買っています。植えつけは、10月から12月初めくらい春に苗を買うよりも、秋のうちに苗を植えておくほうが株が大きく育つので、翌年、見ごたえがあります。植える時は高低差を意識して、奥には背の高いもの、手前に低いものを植え、隙間や道の脇はほふく性の植物を植えるようにしています」

春先には、歩道と庭の境にグラウンドカバーとして植えられたクリーピングタイムが、ラベンダーがかったピンク色の花を一面に咲かせます。庭のほうが少し高いため、クリーピングタイムは土が崩れるのを防ぐ土留めの役目も果たしています。タイムが終わると、今度はバラの季節。フェンスに誘引されたアイスバーグの清楚な美しさが、目を引きます。林田さんが目指しているのは、ナチュラルな美しさ。あまりぎっしり植えすぎると息苦しくなるので、植えるものを厳選し、心地いい空間を作っています。

宿根草といえども、リシマキア・ボジョレーなど数品種は、夏の猛暑で枯れてしまうこともあります。そこで秋に庭の見直しをし、新たな苗を導入します。一方でどんどん増えていく宿根草もあります。たとえばクリーピングタイムは、もともとはたった2株だったとか。増えた植物は、秋に株分けや移植をします。

秋はもっぱら翌年の仕込みの時期なので、花が少なく庭が寂しくなりがちですが、翌春の風景を想像しながらの庭作業は楽しいひととき。ご近所の方々も、春の訪れを待ち遠しく思っていることでしょう。

106

リシマキア・ボジョレーオールドローズのバロンジロドランなどワインレッドの花と、カンパニュラ、オルラヤなど白い花で構成されたコーナー。

○ **ホワイト** 自転車置き場の半日陰部分には白花シャクナゲ、バラ・アイスバーグの下にはオルラヤを。(見取り図 C)

コーナーごとにカラーテーマを

家の壁色との相性も考慮し、場所ごとにカラーテーマを決めています。フロントガーデンから自転車置き場にかけてはつるバラのアイスバーグが主役のホワイトガーデン。メインの庭はワインレッドと白。家の裏の小さなスペースは、淡いパープル。いずれも花穂になる植物を取り入れて縦の線を作ることで、メリハリを出しています。

● **紫** 花穂になるデルフィニウムや宿根リナリア、丸いアリウムなど、花形の違いが面白い。(見取り図 D)

● **ワインレッド &** ○ **ホワイト** リシマキア・ボジョレーの奥はオルラヤ。背景に白バラのレダ。(見取り図 E)

108

花も葉も美しいアメリカテマリシモツケを中心に、カラーリーフで構成。(見取り図 F)

小さなスペースをあきらめない

どんな小さなスペースもあきらめず、建物と駐車場の間など、ほんのわずかな土のスペースにも植物を植えて楽しんでいます。また土がないところには、鉢植えを。ただし植えすぎ、置きすぎは息苦しくなるので、その点を留意して、すっきりとした空間を心がけています。

駐車場と家の間の幅10cmほどの隙間に、ティアレア、オルラヤなどを植えている。

カラーリーフを上手に生かす

銅葉のアメリカテマリシモツケ・ディアボロ、黄金葉のワイルドストロベリー、黒葉の黒龍、シルバーがかったセリンセマヨールなどで構成している一角。色味の違うさまざまなリーフ類を組み合わせ、しかも高低差をつけることで、花がない季節も見映えがします。

建物沿いのポーチ部分に雑貨と鉢植えを。飾りすぎないのがポイント。

グラウンドカバーを活用

タイルとタイルの間の小さな隙間や木の下、花壇の縁など、さまざまな場所でグラウンドカバーが活躍。数種類の植物を合わせて植えることで、表情が豊かになります。グラウンドカバーは丈夫な植物が多いので、株分けして、あちこちで活用しています。

色調の違う植物を使うとエッジが単調にならない。

ブラン ピエール ド ロンサールの根元にティアレア、斑入りアジュガ、カラスバセンリョウなど。(見取り図 G)

敷地のエッジを宿根イベリス、クリーピングタイム、マルバマンネンソウで色鮮やかに。(見取り図 A)

レイズドベッドに木製のフェンスを立て、ピエール ド ロンサールを誘引。庭の中央は犬のためにスペースを取っている。（見取り図Ⓐ）

犬も快適に過ごせるDIYガーデン

埼玉県　福村ゆきのさん

曲面を生かした塀で囲まれた、くつろぎのスペース。地面には乱張り石が張られている。（見取り図Ⓑ）

　福村さんのガーデニング歴は、約15年。もともと和風の庭だったところを、ご夫婦で協力して、開放感あふれる庭に改造しました。ウッドデッキや小道など造作物の製作はご主人が、草花の手入れは主に奥様がなさっています。

　「家族が気持ちよく過ごせる庭にしたいというのがコンセプトです。家族の中には犬もいますので、犬が走りまわれるよう、レンガなどで道を作り、のびのびとした広がりのある空間を心がけました」

　小道の脇には、グレコマ、ラミウム、カラミンサ、レモンバーム、オレガノ、タイム類などをグラウンドカバーとして植えています。いずれも花が咲いていない季節もきれいで、犬が踏んでも枯れない丈夫なものと

ウッドデッキの中から外を見たところ。(見取り図 C)

アイアン部分にはクライミング・ミニチュアローズの夢乙女を誘引。

ウッドデッキ内部の棚に、雑貨などを置いたコーナーが。多肉植物の黒法師が存在感を放っている。

ウッドデッキと小道、グラウンドカバーのバランスが絶妙。

デッキスペースも小道もDIYで

リビングルームに面したスペースはウッドデッキに。一部に壁はありますが、アイアン製品やアンティークの窓などをうまく組み込み、庭とつながっているので、閉塞感がありません。小道は単調にならないよう、レンガを横に並べたり、小石を敷いてレンガを飛び石のように配置するなど、場所によって敷き方を変えてあります。

いう条件で選んだ品種です。ウッドデッキの脇には花壇スペースがあり、ニゲラ、ギリヤ、オルラヤ、セントーレア、スカビオサ、ブラックレースなど背の高い植物が風にそよいでいます。

「植えてあるものは宿根草が中心です。白い花が好きなので、白花を中心に、あまり派手にならないように。咲いたら切って飾れるものを、なるべく多く育てたいと思っています。まだ植えたばかりの若い植物が多いので、来年、再来年が楽しみです」

庭の入口近くには曲面の壁で囲まれたスペースがあり、椅子とテーブルが置かれ、まるでリゾートみたいな雰囲気です。またウッドデッキはリビングルームと続いており、もうひとつのリビングのよう。庭でお茶を飲んだり、ウッドデッキでブランチをとるなど、ガーデンを生活の場として楽しむことができそうです。

庭のまわりを取り囲んでいるのは、素朴な雰囲気の白い木製のフェンス。一重の小輪つるバラ・のぞみが、フェンスによく似合っています。

アイアン製のアンティークなど、経年によって風合いが出たものが好きだという福村さん。アンティーク市にもこまめに足を運び、庭で使えそうなものを探しているとか。ウッドデッキの壁にアイアン製品を組み込んだり、庭のところどころに雑貨を置いたり。独自のセンスが庭を個性的にしています。

111

リビングからウッドデッキに降りる段差を利用して、多肉植物のコレクションをデコレーション。

センスを生かした雑貨づかい

庭に古いかき氷機を置くといった、大胆な発想に注目。引き出し状の木の容器に多肉植物を並べ、隠すようにしながら見せるなど、ユニークなアイデアが魅力的です。アンティークや雑貨をガーデニングにどう使うか、決まりはありません。年月を経たものと植物は相性がいいので、自由に考えたいものです。

フェンスの白と葉の緑と錆びた雑貨の組み合わせが面白い。

グリーンの中に置かれた古いかき氷機。

見ごたえのある リーフの競演

小道沿いのエッジに数種類のタイムやグレコマ、セダムなどほふく性の植物を植え、内側にヒューケラ、ティアレア、数種類のギボウシといったカラーリーフとクリスマスローズとを合わせた花壇。隙間にバークチップを置くことで葉色の違いが余計映え、葉ものだけでも十分見ごたえのあるスペースになっています。
（見取り図 D）

白に映えるブルーの格子。ぶら下げたお玉に多肉植物が植えてある。

アンティークの小物に外国の新聞を貼り、数種類の多肉植物を。

さまざまな工夫でフェンスを活用

わざと高さや太さ、切り口の向きをバラバラにしたフェンス。外側にはつるタイプのミニチュアローズを、内側にはクレマチスを誘引しています。フェンスの内側にアンティークの格子や小物を掛け、多肉植物を飾るなど、細部の見せ方にもこだわりが感じられます。（見取り図 **E**）

白いフェンスに一重のピンクのバラ・のぞみがよく似合う。

タイム、カレックス、リュウノヒゲ・白竜など葉形の違う植物を列植。

壁のきわにはミニバラ、ブルンネラ、ラベンダーなどが植えられている。（見取り図 **F**）

エッジを隠して表情豊かに

フェンスや壁、塀と地面のきわ、小道の端など、造作物のエッジ部分を植物で隠すと、自然な雰囲気になり温かさが出ます。その際、数種類の植物を使うのがコツ。葉色や葉の形、質感が違うものなどを混ぜて植えると、表情が豊かになります。

黒葉キンギョソウとネメシア・コンフェンティーの対照が美しい。（見取り図 **G**）

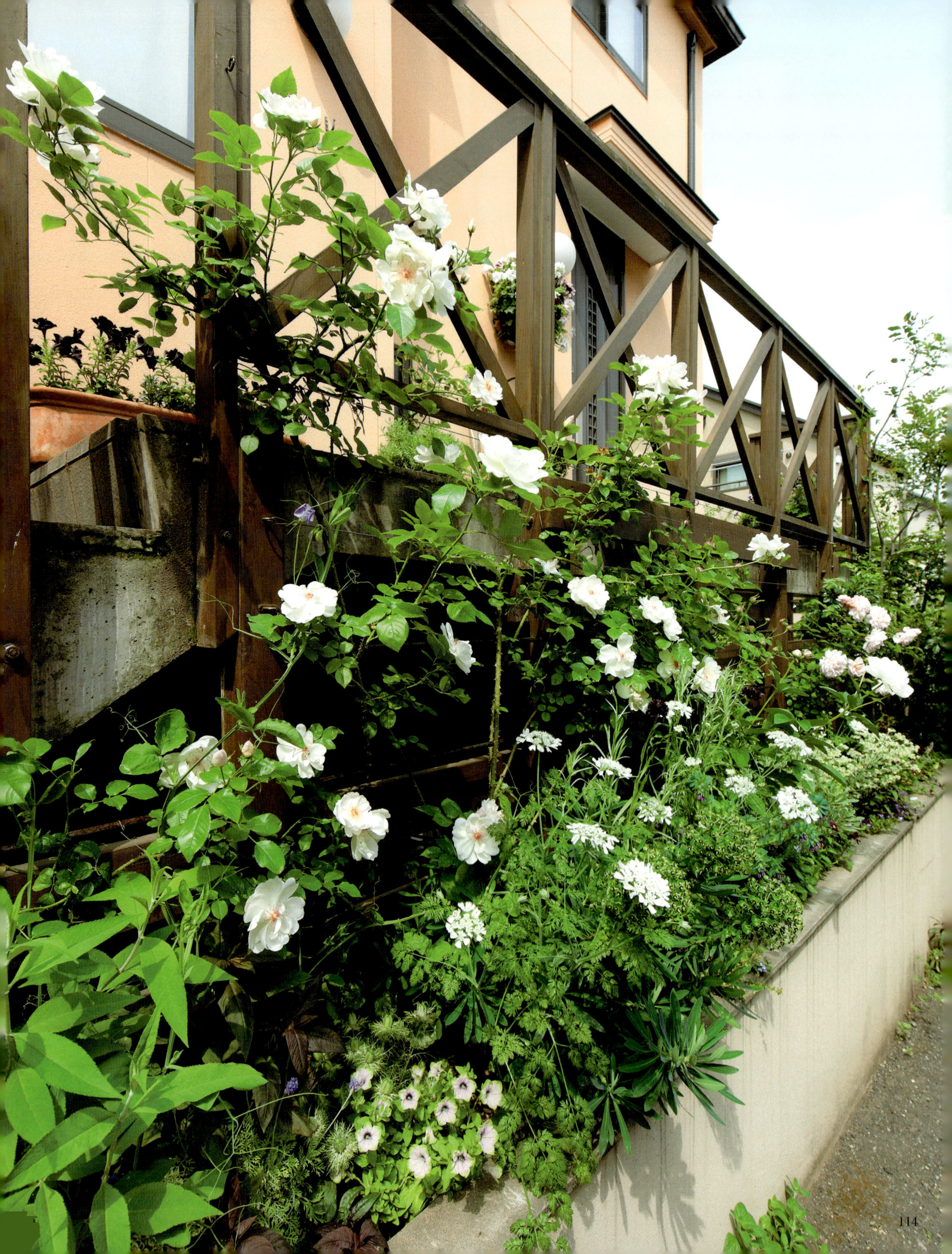

Part 3 お手本にしたい素敵なガーデン

玄関脇に置かれた冬〜春の寄せ植え。ムスカリが春を告げる。(見取り図 B)

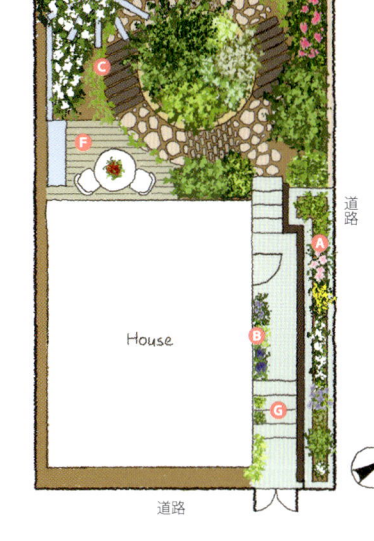

"大人かわいい"を目指して
東京都　若松則子さん

若松さんのガーデニングのテーマは、"大人かわいい"。お気に入りの植物を、より素敵に、大人かわいく見せるため、舞台となる庭の造りにもこだわっています。外構や庭の小道などは、ガーデニングの施工業者に細かく希望を伝え、イメージした通りの空間ができあがったそうです。たとえば道路に面した外構は、コンクリートの植えますと木製のフェンスを一体化させています。

庭のスペースを分けているのが、分かれています。半日陰の部分は、ギボウシやアジサイなどで構成。また素敵な隣家との境に背景を作ったスペースをもうけ、雑貨と半日陰向きの植物を組み合わせることで、見せ場を作っています。

乱張り石、枕木、小石などで作られた小道。場所によって素材を変えているため変化が生まれ、庭がリズミカルになります。また全体的にカラーリーフなどの葉ものやグラウンドカバーをうまく取り入れることで、甘くなりすぎない、大人っぽい庭に。オリーブなどの常緑樹を数本入れて、冬もあまり寂しくならないようにしています。

庭で使う雑貨は、多すぎると、子どもっぽい印象になります。「あくまで主役は植物に、少しだけ。ここそという場所に、雑貨を置くと、雑貨は、植物をより素敵に見せるためのサポートです」と若松さん。鳥籠に鉢を入れたり、ジョウロに庭で摘んだ季節の花を生けるなどして、アクセントにしています。

アプローチに続く階段の入り口は脇から白花のモッコウバラを伸ばし、花の季節にはバラのゲートのように。階段や玄関前は寄せ植えやハンギングで、華やかさを演出しています。

「狭いスペースを立体的に利用して、つるバラと宿根草、一年草で空間を作ろうと思いました。誘引したジャクリーヌ デュ プレは自己主張が強すぎないバラなので、ほかの植物とうまく調和してくれます」

階段をいったん上って玄関を通過ぎ、再び階段を下りた先にあるメインの庭は、いくつかのスペースに

バラ、イレーヌ ワッツの根元にビオラ、オルラヤ、ダイアンサスなど。

3月
紫ケール、カレンデュラ、ビオラなど晩秋から春まで楽しめる植物を中心に。

5月
ブラックパンジーとクローバー、ヒューケラのシックな組み合わせ。

つるバラの根元に宿根草と一年草を

半つる性のバラ、ジャクリーヌ デュ プレを、植えますと一体化させた木製のフェンスに針金を張って誘引。植えますにはクリスマスローズやヒューケラ、ユーフォルビアなどのシックな宿根草を中心に、秋から春まではビオラやパンジー、プリムラ・マラコイデス、春から夏にかけてはペチュニアやオルラヤといった華やかな一年草が植えられています。(見取り図 A)

カラーリーフを
たっぷり使う

葉が美しい植物をたっぷり取り入れた庭は、見飽きることがありません。雨の日には雨の日の美しさ、晴れた日には晴れた日の美しさがあり、心を穏やかにしてくれます。黄金葉の植物はあたりを明るくし、銅葉のものはシックに、斑入り葉は明るさと同時に表情を豊かにする働きがあります。カラーリーフを植える時は、隣り合う植物の葉色に変化をつけると、お互いに引き立て合います。

小道沿いには、さまざまな色のカラーリーフとグラウンドカバープランツを植えて。（見取り図C）

フウチソウ、ヒューケラ、ギンヨウアカシアなど葉の美しい植物で構成したレイズドベッド。背景はオリーブの木。（D）

ブルーのパーゴラにアイスバーグを誘引。椅子と鳥籠も色をそろえている。

花を摘んでジョウロに生け、椅子の上に。小物を添えてディスプレイ。

お気に入りのコーナーにポイントを

なるべく隣家が見えないようにしたいというのは、誰しもが思うこと。かといって全面に背景を作ると暗くなるし、風通しも悪くなります。フェンスとコーナーに作ったパーゴラにバラを誘引することで、葉が茂っている季節は隣家がなんとなく見える程度になります。同じ色の椅子を配し、素敵なスペースになりました。（見取り図E）

セリンセとパンジーを摘んできてテーブルに。

コーナーデコレーションで世界観を作る

隣家の建物を視界から隠すため、グレーがかった渋いブルーに塗った板で背景を作った一角。棚を作り、雑貨や鉢植えを飾れるようにしてあります。背景の前のスペースには枕木を敷きつめ、コーナー感を強調。アイスバーグを板の前に垂らしているところや、椅子の色彩の使い方も注目したいポイントです。半日陰になるので、アジサイなど、日照が少なくても元気に育つ植物の鉢植えを中心に構成しています。(見取り図 F)

淡い色のペラルゴニュウムとワイヤーの籠の組み合わせがおしゃれ。

アンティークのワイヤー籠の中に、フクシア・エンジェル イヤリング。

植栽スペース、鉢植え、ゲートで空間を構成。大型の寄せ植えがフォーカルポイントに。(見取り図 G)

階段から玄関へドラマチックに

アプローチと階段の境い目に柱を立て、2階のベランダに木を渡して白花のモッコウバラを誘引。開花期には見事な花のゲートになり、散る時はまるで桜吹雪のようです。アプローチ脇の小さな植栽スペースは主にカラーリーフで構成。階段や玄関まわりの寄せ植えやハンギングが、訪れた人の目を楽しませます。

玄関まわりの鉢は、高低差をつけて立体的に。椅子がアクセントになっている。(見取り図 B)

隣家の建物を目隠しするため、トレリスと板の背景を作ったスペース。(P120見取り図C)

場所ごとに雰囲気を変えて

千葉県　岩田朱実さん

岩田さんの家は、道路に面した駐車場の上に建っています。いってみれば庭の半分は、ルーフガーデンのような状態。夏は水切れしやすいなど、いくつか問題点を抱えています。

「土が乾燥しやすいので、雑草もグラウンドカバーと考え、多少残しています。以前全部抜いたら、草花の生育が悪くなりました。落ち葉もそのままにしています」

家を取り囲むようにいくつかの小スペースがありますが、場所によってかなり条件が違います。

「この植物は夏の暑さが苦手そうだなと思ったら、半日陰のスペースに移したり。クレマチスは朝、数時間しか日が当たらなくても大丈夫なので、家の裏にも植えています」

擁壁と家の間の狭い通路には、山野草や半日陰に強い一季咲きのバラが植えられています。また、和室の前の半日陰スペースは、和のイメージで。環境に合わせて植える植物と雰囲気を変えることで、変化に富んだ楽しい庭が実現しました。

「目指しているのは、木と花が四季折々仲良くしてくれる、作りすぎない自然な庭です。バラも木陰で咲くバラをイメージしていますし、山野草も含め、いつもなにかしら季節の花が咲いています」

わざわざ植えた感じではなく、前からその場所で生きていたような雰囲気に。ナチュラルさが安らぎを生んでいます。

Part 3 お手本にしたい素敵なガーデン

デッドスペースにもバラを誘引

家の裏のコンクリートの擁壁に、半日陰にも強いポールズ ヒマラヤン ムスクを誘引。裏庭の隅にある道具小屋の屋根まで、枝を引っ張っています。擁壁の足元や家のきわのわずかなスペースにも、山野草やクレマチスが。環境に合う植物を見つけ、工夫して楽しんでいます。

家の裏側の狭い通路と擁壁も、あきらめずに活用。(見取り図Ⓐ)

擁壁からポールズ ヒマラヤン ムスクを誘引。(見取り図Ⓑ)

クレマチスで空間を立体的に

狭い通路や隣家との境のトレリス、階段脇のフェンスなどさまざまな場所で、20数種類のクレマチスが活躍。空間を立体的に彩っています。一重のもの、八重のものなど趣もいろいろで、品種によって花期が違うため、春から秋まで次々と花を楽しむことができます。

粋な印象のH.F.ヤング。

ダッチェス オブ エジンバラとバラのピエール ド ロンサール。

紫の線が美しいドクター ラッペルと清楚な白いクレマチス。

繊細なベル オブ ウォーキング。

ギボウシ・タマノカンザシが存在感を放っている。

口紅シラン 　エビネラン

ギボウシ

斑入り葉ウツギ

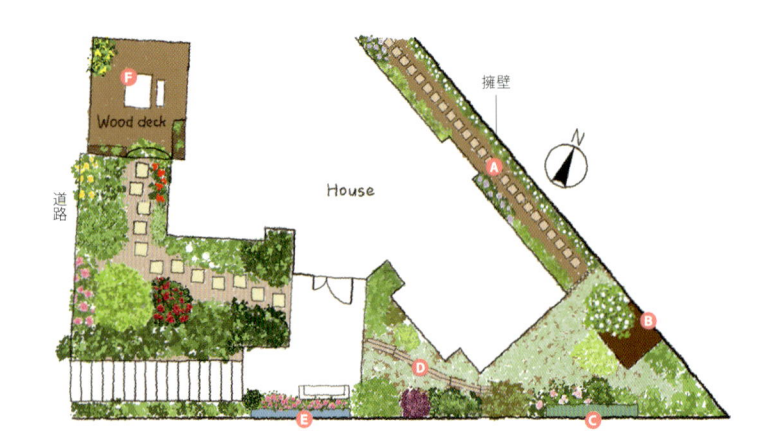

半日陰は和のイメージで

和室の前のスペースは隣家との距離も近く、半日陰になる場所。しっとりとした和のイメージにすることで、半日陰という条件を利点に変えています。空間を立体的にするため、ヤマアジサイや斑入り葉ウツギなど半日陰向きの小低木を配置。木陰にエビネランやイカリソウなどの山野草を植えています。小道は枕木を利用。グラウンドカバーにはセダム、リシマキア、ワスレナグサなどを混植し、ナチュラル感を演出しています。
（見取り図D）

Part 3 お手本にしたい素敵なガーデン

デッドスペースに、高さを上げた寄せ植えを。セダムの鮮やかな色がブルーのバックに映える。

隣家との境は カラーフェンスで

門扉から玄関に通じるアプローチは、隣家の裏側。ネットフェンスに沿って鮮やかな背景を立てることで、隣家の建物を意識しないですみます。濃い色を使う場合はこのように重たい印象にならないよう隙間を入れ、葉色や花色が鮮明な植物を持ってくるのがコツです。(見取り図 E)

鮮やかなブルーの背景に負けないよう、明るい色のバラ、アンジェラを誘引。隣家の建物が気にならない。

オキザリスとビオラのさりげない寄せ植え。作りすぎない自然さが魅力。

デッキは雑貨で居心地よく

駐車場の真上の部分に当たるウッドデッキ。雑貨を配置した棚は、鉢植えを飾るほか、半日陰で養生させたい鉢植えの置き場にもなっています。また、鉢植えなどを作る際の作業場にも。庭に通じる通路の入り口にはアーチを設置し、クレマチスとバラを誘引しています。(見取り図 F)

棚の上段は小さく仕立てたバラなどで視線を集め、下段は養生場に。

ブランコを中心にストイックな美学で

東京都　Café et Galerie Moineau

室内からの風景。ウッドデッキと背景の緑の対比が印象的。

「フランスのおばあちゃんの家」のイメージで、一軒家を改造したカフェ。庭はオーナーがデザインし、植栽はガーデナーに相談したそうです。「葉の形と葉色でコントラストをつけ、白い花の植物を中心に選びました。落葉樹が多いので冬は少し寂しいですが、春の芽吹きがかわいいですよ」とのこと。色が抑えられているため、落ち着きがあり、長時間見ていても見飽きません。

フォーカルポイントのブランコは、パーゴラ状に木を組み、アンティークのベンチを使って作ったもの。クレマチスを誘引しています。ウッドデッキからの小道は一部を太鼓橋のようにし、アクセントに。 "抜け" があるため、決して広い庭ではないのに広々とした印象を受けます。ぎっしり植物を植えず、空間に "抜け" があるため、決して広い庭ではないのに広々とした印象を受けます。

室内から見ると、ウッドデッキの梁やフェンスによる額縁のような効果が。ナチュラルな癒しの風景に、時間が経つのも忘れそうです。

撮影協力／カフェ＆ギャラリー モアノ　http://www.moineau.jp/

Part 3　お手本にしたい素敵なガーデン

ピラミッド型の花穂が存在感たっぷりのカシワバアジサイ。

白から薄緑色への変化が美しいアジサイ・アナベル。長期間にわたって次々と花が咲く。

美しい葉と清楚な花で構成

銅葉のアメリカテマリシモツケ、スモークツリーなどの小低木や、タマシダ、ラベンダー、アジュガなど、葉色と葉形にこだわって植物を選択。初夏にはアナベルやカシワバアジサイの白い大きな花穂が、存在感を見せてくれます。葉の美しさを大事にし、庭全体の花色をあえて抑えることで、大人っぽい雰囲気に。甘くなりすぎないシックなフレンチカントリーといった趣です。

庭の奥は葉色の違う木と宿根草で構成。手前の赤い実はジューンベリー。

三角形の段、柱、棚、フェンスが絶妙なバランス。緑が建物によく映える。

甘さを抑えたツルハナナスの棚

ウッドデッキの棚には、ツルハナナスを誘引。生育が旺盛で、あっという間に大きく育ち、棚部分を覆ってくれます。垂れ下がった茎の先に小さな花が固まって咲き、風に揺れるさまが涼やか。清楚で控えめな美しさが魅力的です。よく茂るので、夏は心地よい木陰を作ってくれます。

星形をした清楚な花は、咲き始めは薄紫色で、徐々に白色に。初夏から晩秋まで咲き続ける。

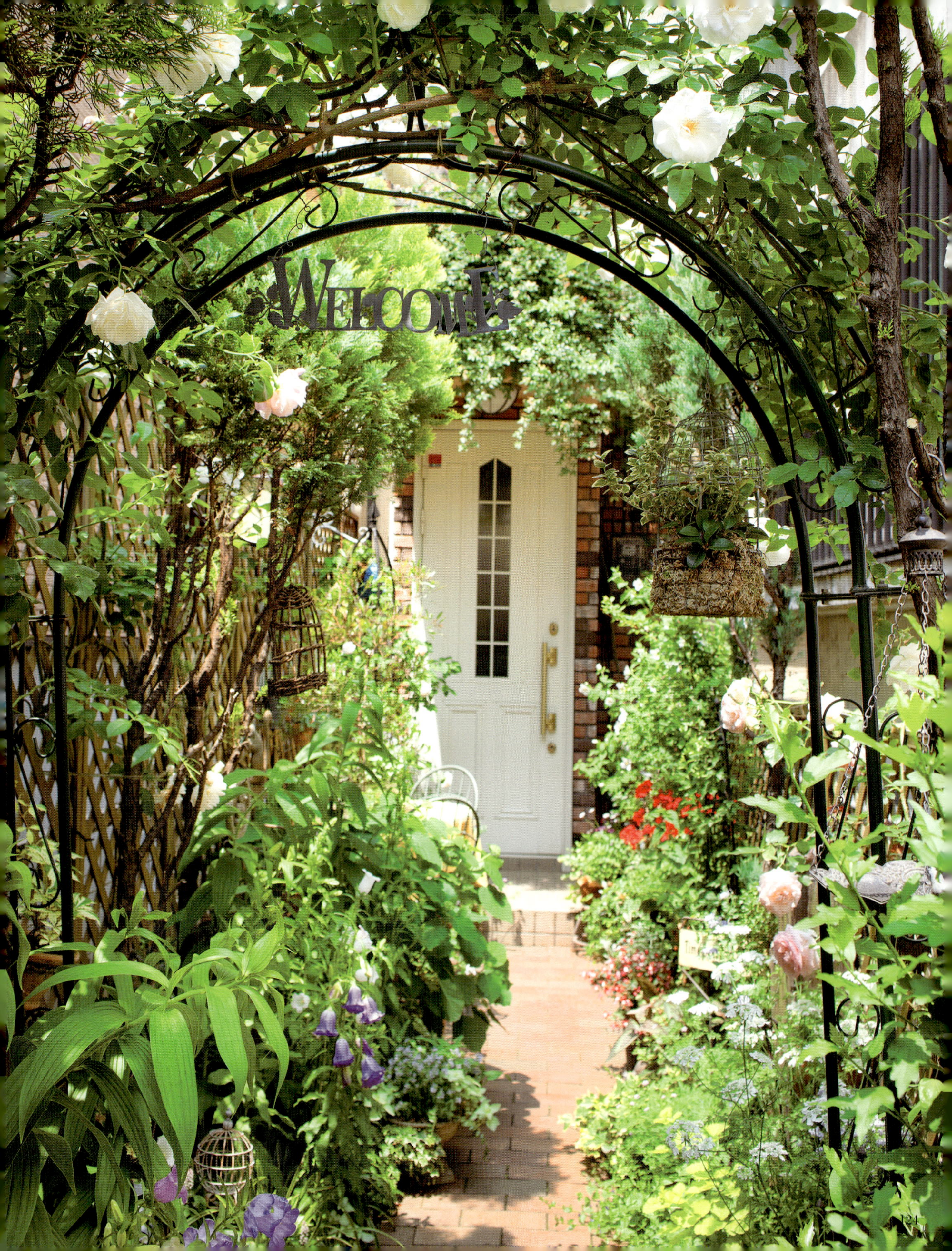
WELCOME

つるバラ・ピエール ド ロンサールと足元の明るい葉の対照が美しい。

トレリスに小さな棚をかけて、高い位置に鉢植えを。

台や大鉢の上に鉢を置き、なるべく植物を上にもってくるように。

日照不足を工夫で解決

つるバラの根元には、斑入り葉のラミウムや黄金葉のルブスなどのグラウンドカバーを。鮮やかな葉色が、暗くなりがちな足元を明るくします。また低い位置は日照不足のうえ、風通しもよくありません。ムレ対策のため、鉢の底上げをするなど、なるべく植物を高い位置にもっていく工夫をしています。

半日陰の通路が見事な庭に

東京都　中村いく代さん

中村さんのお宅は道路から奥まったところにあり、玄関までのアプローチは間口約2m、長さ約8.5mの路地状態。両側は3階建ての隣家が迫っているため、午前11時くらいまでしか光が入りません。

「つるバラなら上に伸ばすことで光が受けられると思い、あえてバラに挑みました」と中村さん。空間を立体的に使うため、半日陰でも咲くバイカウツギなどの小低木からグラウンドカバーまで、草丈の違う植物をうまく組み合わせています。

花はあたりを明るくする白花が中心で、何を植えても育たない場所は、ヒューケラなどのカラーリーフでカバー。狭さを感じさせないよう、適度に雑貨を配して視点を誘導するなど、さまざまな工夫をしている中村さん。悪条件だからこそ、それを乗り越えて美しい庭が生まれた時の喜びは、ひとしおだそうです。

7月 存在感のある純白のカサブランカ。芳香も魅力。

5月 カンパニュラは紫色だけだと色が沈むので、白も一緒に植える。

玄関の近くに置かれたテーブルがアクセントに。空間を引き締めている。

季節ごとにメインを変える

どうしても寂しくなりがちな、半日陰の細長い植栽スペース。5月はカンパニュラ、6月はアナベル、7月はユリのカサブランカと、季節ごとにフォーカルポイントとなる植物を植えることで、華やかさを演出しています。選ぶ基準は、半日陰でも開花し、ある程度高さのある植物。白い大輪のカサブランカや、花房の大きいアナベルは、あたりをパッと明るくしてくれます。

フォーカルポイントとなる柱の根元に、大鉢で存在感のある寄せ植えを。(取材協力／米山雅子・若松則子)

演出力で絵になる風景を

東京都　大西 都さん

アンティークのミニチュア自転車を大型の寄せ植えと組み合わせて。

　大西さんの庭には、いくつもの「見せ場」があります。たとえば玄関脇のちょっとしたスペースや、庭の隅。思わずカメラを向けたくなるような風景が、あちこちにあるのです。

　「棚や柱など、ポイントとなる造作物を決め、そこから作っていきます。どんな鉢を使い、どんな寄せ植えを置き、どんな雑貨を組み合わせるか。ディスプレイ感覚で、ガーデニングを楽しんでいます」と、大西さん。自分の美意識に基づいて選んだ個性的な鉢や雑貨で、独自の世界観を作っています。

　庭は宿根草が中心。翌年に向け、11月に植え込みをします。その際、それぞれの植物が引き立て合うように、草丈や花色、葉色を考えるのがポイント。花期がずれるようにし、常に何かしら咲いているように考えているそうです。庭は植物を生かした自己表現の場。大西さんの庭が、それを示してくれています。

雑貨を上手に組み合わせて

雑貨と寄せ植え、鉢植えの組み合わせ方のセンスに注目。雑貨は使い方次第で子どもっぽくなる可能性がありますが、雑貨と寄せ植えの花の色調を合わせたり、使う雑貨の色数を抑えると、お互いが引き立て合って大人っぽい雰囲気になります。

雑貨と寄せ植えで作ったコーナー。フェンス脇のツルニチニチソウは、フェンスから外に垂らしている。

白い木製の棚に、寄せ植えや雑貨をディスプレイ。ホーローのジャグと花色を同系色で合わせている。

個性的な鉢でインパクトを

イタリア製の大型の素焼き鉢など個性的な鉢が、庭にインパクトを与えています。自己主張が強い鉢を使う場合は、主役は鉢と割り切って、リーフ類を中心に花を少し加えるくらいのほうがバランスがよくなります。

台座つきの浅い鉢で、早春の雰囲気の寄せ植えを。ムスカリ、スミレ、ワスレナグサと青〜紫で色彩を統一。

立体的な造形が美しいイタリア製の鉢。存在感がある鉢なので、植える植物はさりげなく。

円を四等分した形の鉢。2つ組み合わせたり距離をあけシンメトリーに置くなど使い方はいろいろ。

小スペースをもっと素敵に
はじめての小さな庭づくり

監修 山元和実（やまもと・かずみ）

ガーデンスタイリスト。グリーンアドバイザーの資格を有し、大型ガーデンセンターに勤務した後、独立。2009年、移動販売の花車「Green Rose Garden」での活動を開始。独自のガーデンコーディネートを構築し、植物・寄せ植え・ガーデン雑貨などを使って限られた空間に絵を描くようにスタイリングすることを発信している。主な監修書籍は『花と緑と雑貨でつくる はじめてのベランダガーデン』（成美堂出版）。ガーデニング関係の雑誌や、各種イベントなどでも活躍している。

「Green Rose Garden」
http://greenrosegarden.web.fc2.com/

企画・編集	撮影	デザイン	取材協力	
株式会社マートル舎	竹田正道	福田真一	糸田縁	美濃又正恵
篠藤ゆり		（DEN GRAPHICS）	長田絹子	米山雅子
秋元けい子	DIY指導		じんの内科医院	若松則子
	田中恵美	イラストレーション	戸村里香	渡辺浩一郎
	（アトリエRustic）	梶村ともみ		

はじめての小さな庭づくり

監　修　山元和実（やまもと かずみ）
発行者　深見公子
発行所　成美堂出版
　　　　〒162-8445　東京都新宿区新小川町1-7
　　　　電話(03)5206-8151　FAX(03)5206-8159
印　刷　大日本印刷株式会社

©SEIBIDO SHUPPAN 2014　PRINTED IN JAPAN
ISBN978-4-415-31811-0

落丁・乱丁などの不良本はお取り替えします
定価はカバーに表示してあります

●本書および本書の付属物を無断で複写、複製（コピー）、引用することは著作権法上での例外を除き禁じられています。また代行業者等の第三者に依頼してスキャンやデジタル化することは、たとえ個人や家庭内の利用であっても一切認められておりません。